Vivre me tue

Paul Smaïl

Vivre me tue

Éditions J'ai lu

À mon frère

AVERTISSEMENT

Ce livre est un roman. Toute ressemblance des faits rapportés et des personnages avec des faits ou des personnages réels serait purement fortuite.

Afin de garder sa saveur à l'*arabe de Barbès*, les expressions arabes ont été volontairement transcrites sans aucune rigueur – « à l'oreille ».

L'Auteur.

« ... s'il y avait eu des policiers en ces temps anciens, sur le simple soupçon offert par son air inquiet, Jonas eût été arrêté avant de monter sur un pont de navire. »

Herman MELVILLE
Moby Dick

– Appelez-moi Smaïl.

J'ai insisté, en détachant bien le i tréma du a. Cela faisait longtemps que je n'avais pas prononcé mon nom à l'arabe. Ou, pour mieux dire, craché mon nom à l'arabe, raclé au fond de ma gorge le S, le m, le a, le i tréma, le l. D'ordinaire, je triche un peu, je prononce à l'anglaise, j'aspire à l'anglaise, avec chic, en souriant : *Smile*. À quoi cela tient ! Il me semble alors qu'à l'autre bout du fil, l'employeur sollicité sourit aussi. Et comme mon père eut la bonne idée de me donner un prénom chrétien très banal en déclarant ma naissance à la mairie du 18e, le 5 mai 1970, je peux faire illusion en me présentant ainsi. Ensuite, il ne s'agit plus que de débiter sans reprendre haleine mon inutile cursus : bac plus cinq, oui. Oui, Lettres. Littérature comparée... Ah ah ! Déjà le sourire se fige à l'autre bout du fil. Ne parlons pas de c.v. : je ne vais pas énumérer les trois ou quatre petits boulots que j'ai trouvés en attendant... En attendant quoi ? Puisque, bien entendu, il n'y aura pas de vrai travail pour moi, soit que mes études ne me qualifient en rien pour le poste proposé, soit que parvenu par la ruse, tréma gommé, photo retouchée, jusqu'à obtenir un entretien, je doive enfin me présenter en chair et en os... En bougnoule, autrement dit. En bicot, en beur, en arbi, en craoui, en rat, en raton, en sidi, en nardène, en melon – au choix. La coupe à ras, les mocassins cirés et la cravate en soie n'y feront rien. Smile, Smaïl... Paul ou pas... Il y aura toujours un autre candidat moins basané que moi, le cheveu moins crépu, la peau moins grenue, le nez moins busqué.

Beauté berbère, disait avec les yeux de l'amour Myriam. Mais on ne me la fait pas. Et à un patron, moins encore. Les pires sont les directeurs des ressources humaines. Ils vous repèrent tout de suite, ils vous flairent comme des chiens dressés à le faire, ils ont l'œil. Je ne suis pas une ressource humaine, j'ai trop sale gueule. C'est tout vu.

Les Maghrébins qui essaient de se blanchir sont comme ces Juifs allemands qui crurent s'en sortir, avant guerre, en demeurant dans le flou. Ils ne flouaient qu'eux. Un faux nez se voit encore mieux que le nez au milieu de la figure. Et nous sommes en guerre. Et nous serons, d'une manière ou d'une autre, éliminés. Sinon exterminés.

Mon frère, lui, avait maquillé sa carte d'identité. Oh ! pas grand-chose, une toute petite tache d'encre qui changeait ni vu ni connu le tréma en un gros point sur le i. Et il se faisait décolorer. Un blond cendré trop clair pour tromper qui que ce soit. Au contraire, une manière de mettre à son insu les points sur les i. Quand je suis entré dans sa chambre du *Krankenhaus*, c'est la première chose qui m'a frappé : ses cheveux avaient repoussé, et repoussé noirs, évidemment. Sur l'oreiller blanc, son visage très amaigri, creusé par la souffrance, était redevenu le visage d'un bicot, d'un vieux bicot du Rif, sec, noueux, décharné. Le Rifain dur à la peine, le pieux musulman qui n'a jamais bu une goutte de vin de sa vie, le bon soldat : Ahmed Smaïl, le père de notre père, sur l'unique portrait qui nous reste de lui, la photo d'identité noir et blanc jaunie figurant sur son livret militaire de l'Armée française, avec cet œillet métallique qui lui troue le front comme un signe prémonitoire de la manière dont il serait tué à Ulm. Loyal sujet. A bien mérité de la patrie... Je me suis souvenu que dans les camps de la mort on appelait musulmans ceux qui étaient rendus au dernier stade de l'épuisement et devaient mourir sous peu : la peau se parcheminait et devenait plus mate, les yeux vitreux... J'ai su tout de suite, en le voyant, qu'il était condamné, et à brève échéance. Deux fins tuyaux de vinyle s'insinuaient dans ses narines comme des vers dans les fosses nasales d'un cadavre. Son corps, qu'il avait si puissamment modelé en soulevant des tonnes de fonte, son corps, qu'il avait tant torturé et tant exhibé, son corps semblait maintenant désincarné. Draps et couvertures dissimulaient sa volumineuse musculature, ou ce qu'il en restait. Il était redevenu bicot et il était redevenu enfant. Le petit frère, le gamin maigrichon à qui je lisais le soir, avant d'éteindre, quelques pages de *L'Ile au trésor*, ou de *Moby Dick*.

Je n'ai pas eu le droit de l'embrasser. D'ailleurs, comment aurais-je pu l'embrasser ? Les visiteurs devaient porter un masque aseptique. Je lui ai caressé la joue mais, sous mes doigts, je n'ai ressenti que le latex froid des gants également obligatoires que je portais, et j'en ai frissonné. J'en aurai pleuré, presque. Je n'ai rien trouvé d'autre à lui dire que : « Mon pauvre Queequeg ! » Un surnom que je lui donnais autrefois.

Au bout des dix minutes réglementaires, l'infirmière m'a indiqué des yeux que la visite était terminée. Je suis ressorti de la tente stérile, je me suis retourné, j'ai regardé retomber mollement au pied de son lit le voile de matière plastique translucide, à la fois placenta et linceul, derrière quoi il n'était plus qu'une ombre fantomatique, à peine humaine. Du moins, il ne serait jamais une ressource humaine... Et moi non plus. C'est à quoi j'ai pensé alors, Dieu sait pourquoi.

Dans l'ascenseur, je me suis fait le serment d'écrire enfin ce livre que je m'étais promis d'écrire, ce livre que j'avais promis à Daniel. Et donc de ne plus perdre mon temps à rechercher un emploi selon mes capacités, un emploi que je ne trouverais jamais. Puisque je ne voulais pas enseigner et que je ne voulais plus me voir toujours refusé, toujours rejeté. Puisque je ne voulais plus m'humilier, surtout, comme lui s'était trop longtemps humilié à quémander du travail, un temps partiel, un stage – « N'importe quoi, disait-il, n'importe quoi ! »

Je serais écrivain, rien d'autre. Il me suffisait d'avoir assez pour vivre... Assez pour survivre, au moins. Je continuerais de livrer des pizzas le soir. Et Monsieur Luis me trouverait bien une place de gardien de nuit quelque part comme il en trouvait toujours pour ses boxeurs. Gardien de nuit, quoi de mieux pour qui veut devenir écrivain, rien d'autre ?

Gardien de nuit. Gardien de la nuit, en quelque sorte. Avec ce sentiment grisant d'avoir des heures devant soi, et de les avoir à soi seul. Plus fort qu'un sentiment : une sensation ; la sensation vraie de l'écoulement du temps, de son épaisseur, de sa densité, de son poids. En un mot, de sa réalité. C'est cela le temps réel. Non pas l'instantanéité du cours des valeurs à travers le monde entier, non pas les exploits sportifs retransmis en direct aux téléspectateurs du monde entier, mais le silence et la solitude, ici, à trois heures du matin. Le feutre qui crisse sur le papier quadrillé. Les mots l'un après l'autre. Les phrases l'une après l'autre. L'une après l'autre, les feuilles noircies de haut en bas. Et me dire que j'ai tout mon temps.

J'écris. J'écris comme les choses me viennent, en vrac, au fil de la plume et des souvenirs. Je rature peu. Le jour, après avoir dormi quelques heures, je mets au propre ce que j'ai noté la nuit sur mon bloc. Je le saisis.

La nuit suivante, je reprends. De temps à autre, je lève les yeux quelques secondes, je vérifie sur les écrans que tout est calme à bord : personne dans les couloirs, personne dans l'escalier. Au-dessus de moi, ces ahans et ces cris de jouissance auxquels je me suis habitué au point de ne plus les entendre... Je tourne une nouvelle page du bloc, alors. Je reprends.

Je ne sais pas vraiment où je vais, je ne sais pas encore si tout cela fera un livre à la fin, ni si ce sera du roman ou ma vie plus ou moins, on verra bien. C'est l'aventure. À la recherche de la baleine blanche... Appareillage de nuit. Levez l'ancre ! Larguez les amarres ! Carguez les voiles de misaine ! Amenez la brigantine ! Hissez foc et clinfoc ! Serrez, serrez ! Changez la barre ! Virez de bord ! Parez le cap ! Souquez fort ! Ferlez ! Lofez ! Vent debout... *Inch' Allah !*

Sur le mur en face, un tube de néon mauve trace en tremblotant le mot *Night*, et le halo lumineux se reflète sur le bitume humide de la rue des Martyrs. Sur la vitre ici, je lis à l'envers : *Le Modern'*. Il reste des traces d'adhésif du e final que le taulier précédent avait décollé pour y substituer une apostrophe, jugeant que cela ferait plus moderne, justement, ou plus chic. Il n'a pas pu se féliciter longtemps de la modernisation des lieux et de la raison sociale. Deux jours plus tard, on l'a retrouvé couché dans une flaque de sang, impasse des Abbesses... Sombre histoire que je ne suis pas censé savoir, et surtout pas avoir apprise de la bouche de Monsieur Luis.

Le Modern' n'est pourtant pas un dorme si mal famé. Ce n'est pas un boxon à proprement parler : une clientèle de cadres moyens, gens du quartier ou provinciaux et étrangers en voyage d'affaires qui viennent tirer leur coup avec des collègues de bureau ou des étoiles filantes. Chambres à l'heure, à la journée, à la nuit... Mais pas de putes logées à l'année, le patron n'en veut pas. Rien de trop sordide, rien de trop louche : sol en gerflex, ameublement minimal tout mélamine et simili, bloc moulé lavabo-bidet-douche-w.-c. Les murs tendus de bulgomme rose chair, les lits, de chenille rouge sang – Péquod prétend que ça excite le client. Des capotes dans la niche du cube de chevet – Péquod y veille personnellement. Et la réception, tapissée d'un papier lavable argenté à fort pouvoir psychotrope. La première nuit où j'ai pris mon service ici, j'ai cru que je deviendrais fou si je fixais ces losanges roses et ces rosaces orange obsessionnels. Mais on se fait à tout. Et je me suis fait aussi aux cris et ahans qui proviennent du salon télévision, au premier, où un magnétoscope multichargeur lit en continu des films X. Cette semaine : *La Bite infernale, Il était une fois dans le cul, Les salopes se couchent pour mouiller, Défonce-moi.*

Les caméras de vidéosurveillance, une au salon, une à chaque étage, une dans l'ascenseur, deux dans l'escalier, dramatisent la perspective des couloirs vides filmés en plongée. Et sur les écrans du moniteur où l'image noir et blanc, mal définie, vacille, on croirait toujours qu'on est dans un suspense – que l'instant d'après, le drame va éclater. La violence.

Mais rien ne se passe. La plupart du temps, rien ne se passe. Un client qui gueule des chansons à boire ou dégueule dans les couloirs. Un autre, trop vaseux pour introduire sa clef dans la serrure mais que je vois cogner la malheureuse qui l'accompagne quand elle veut essayer à son tour. Un sado inexpérimenté qui appelle au secours parce qu'il n'arrive plus à desserrer le garrot qu'il a mis à son esclave. Deux Hollandais qui injurient un pauvre Grec alors qu'il se branlait tranquillement au salon en regardant *Défonce-moi*... De minimes incidents de ce genre. Je ne suis pas intervenu plus de six ou sept fois depuis trois mois que je fais le gardien de nuit au *Modern'*. Je pose alors mon bloc et mon feutre, je verrouille le sas d'entrée, je monte en courant, je sévis, je redescends aussi vite, je reprends :

– La mer, les enfants !

Ce n'était encore qu'un vague scintillement bleu au loin, mais qui grandissait à la vitesse du train.

– Où ? Où ? s'est écrié Daniel.

Il a replié ses jambes sous lui pour se grandir, il jubilait. L'éblouissement a déferlé sur les vitres du wagon jusqu'à mi-hauteur, la voie longeait une grève. Un voilier virait de bord, se penchait gracieusement sous le vent. Là-bas, sur l'autre rive, invisible, était la terre de nos aïeux, les villes blanches, les palmeraies, les déserts, les mirages, les oasis, les sortilèges... D'une petite tape sur les genoux, mon père, respectueux des biens de la Société nationale des chemins de fer français dont il était un employé modèle, a fait se rasseoir correctement mon frère. D'autant que ce siège était recouvert de tissu : nous voyagions fièrement en première... J'ai entendu alors ce soupir méprisant et je me suis retourné : de l'autre côté du couloir, un vieux couple de bourges nous dévisageait haineusement – *Le Figaro Magazine* posé entre eux sur la tablette, avec en couverture le défilé du 14 juillet. Tous les détails sont restés gravés en moi, le tailleur rose bonbon de la dame, le parkinson du monsieur, leur manière à tous deux de pincer les lèvres, la narine frémissante comme s'ils étaient incommodés par notre odeur. En d'autres circonstances, ils nous auraient dénoncés, ils nous auraient envoyés à la mort.

Le plaisir de découvrir la mer avait disparu. Et Daniel s'est mis à pleurer sans que les parents devinent pourquoi.

Quoi encore ? Rien. Une bande de skins qui dévale la rue des Martyrs en hurlant :

– On a gagné ! On a gagné !

Au besoin, je dispose, au pied, d'une alarme reliée au commissariat du 18e. Mais Péquod, en m'engageant, m'a laissé entendre qu'il préférerait que je ne l'utilise jamais. Je ne dois y recourir qu'*in extremis*. Mieux vaudrait pour moi me faire tuer avant, si j'ai bien compris. Je suis recommandé par Monsieur Luis, il ne faudrait pas le décevoir – Péquod m'a menacé sur ce ton à la fois insinuant et détaché des bad boys dans les feuilletons.

Il m'a fourni une matraque, un schrill, un gel marqueur, un spray inhibiteur, et il me paie trois quarts au noir, un quart déclaré, pour rester dans la limite fatidique des seize heures hebdomadaires sous laquelle l'employeur est exonéré des charges sociales : un taulier de Pigalle à peu près illettré en sait autant qu'un patron de grande entreprise s'il s'agit de profiter d'une mesure gouvernementale. Pour le reste, comment il se démerde avec le fisc et les flics, c'est ce que je ne veux pas savoir moi. Je sais seulement que moins j'en sais, moins je cours de risques.

La caisse constitue de fait le plus gros danger – me faire braquer pour une brique ou deux. Au *Modern'*, personne ne règle avec une carte de crédit ou par chèque. On encaisse au cul du camion, comme dit Péquod. Lires, livres, pesetas, florins, marks, dollars *accepted here*. Et il n'y a donc que du cash dans le tiroir.

Lorsque je l'ouvre, moi aussi je suis filmé. Je grimace exprès, je prends l'air mauvais du vigile fils de harki, du beur qui a la haine. Dès ma deuxième nuit de garde, j'ai eu l'idée d'accrocher à la patère une paire de gants de boxe, les plus gros, des 8 onces. Je porte un fute en nylon laqué noir Adidas, un sweater pirate du groupe Death Squad. Et les pesantes bottes d'enduro que m'a laissées Daniel, dont je fais sonner comme lui les grosses boucles et les plaques en kevlar contre les marches de l'escalier... Ouah, putain, mec ! le méchant nardène qui te charquerait comme rien !

Le seul moyen d'exister est de jouer un personnage. On ne te demande pas ta vérité en ce monde, mais de ressembler le mieux possible à l'image toute faite qu'on a de toi... À celui que tu serais dans un téléfilm. Exemple, Péquod, qui se sape exactement comme un pimp dans une série américaine, chez 5th District, boulevard Magenta : veste cintrée en stretch à boutons bouchons de carafe, chemise de viscose lilas zippée, pantalon ultramoulant s'évasant vers le bas sur des santiags blanches si vernies qu'on dirait du skaï... Le dandy du Bronx. *As seen on tv !*

Quand je me suis présenté, j'ai tout de suite vu dans ses yeux que j'étais presque un peu trop propre sur moi. Je m'étais mis ce que j'ai de plus sérieux, une cravate, une touche d'aftershave, et j'avais mes lunettes... Un gros bras recommandé par Monsieur Luis ! Il s'était sans doute imaginé le vrai dur qui fait peur et qui pue la sueur, le vrai craoui. Il m'a dit :

– C'est toi, Semelle ?

Il lit ce qu'il voit écrit, et il lit mal. J'ai donc prononcé mon nom comme il s'épelle. Et puis, il a fallu pour la bonne forme remplir un peu de paperasse. Je me suis proposé pour l'aider à le faire, mais sans insister, en essayant de ne pas le froisser. Un Abdoul venait de lui vendre un PC, avec logiciel pour comptabilité et courrier commercial, 50 % du prix public hors taxes. Comme il ne savait pas s'en servir, Péquod en avait conclu rageusement que le bicrave lui avait fourgué un clou :

– De la came qu'a pas vu le jour, je l'ai dans le bout !

Il m'a regardé alors m'asseoir devant l'écran, pianoter et cliquer – *hafif !*

Un autre que Péquod se serait senti vaguement humilié. Mais je ne le vexais pas du tout, apparemment. Sa vanité, il la met dans ses fringues et sa joncaille, l'étui de son portable en serpent, les antibrouillards grillagés de sa Cherokee customisée. J'ai saisi, depuis, qu'il ne m'estimait nullement pour mon intelligence ou mes compétences, mais parce que je suis recommandé par Monsieur Luis.

Le lendemain, je lui ai emprunté son ordinateur pour quatre ou cinq jours. J'y travaille, chez moi, à ce livre. Trois mois plus tard, je ne le lui ai toujours pas rendu, mais il me fait confiance, semble-t-il – *copier-coller* – parce que je suis recommandé par Monsieur Luis.

Le gymnase de Monsieur Luis se situe dans un passage des Batignolles. C'est là, pour moi, au nord, la limite occidentale des terres connues. En dehors du lointain Paris-X, autrement dit Nanterre, où j'allais en RER, toute ma vie jusqu'ici s'est déroulée dans un territoire borné, en gros, par La Fourche, La Chapelle, La République, La Trinité.

Barbès en est le centre. Entre Tati et Toto, sur cour, au cinquième, habite ma tante Zaïa, qui nous a hébergés, mes parents et moi, jusqu'à la naissance de mon frère en 1973. À l'opposé du carrefour, le pharaonique Louxor-Palais-du-cinéma, où Leïla fit sa première sortie non chaperonnée avec son fiancé, Yacine, pour y voir *Le Docteur Jivago* – si j'avais été une fille, ils m'auraient prénommé Lara. Boulevard de Magenta, France Bijoux, où mon futur père acheta les alliances ; Face-à-Face, où ma future mère choisit une robe de mariée romantique en satin blanc perle à ruchés de mousseline ; et Champeix Studio, où ils se firent photographier, elle assise sur un pouf de velours rouge, lui debout derrière elle, une main posée sur son épaule. Rue Ordener, le F3 neuf où la famille emménagea à la naissance de Daniel – Maman ouvrait le carton de sa première vaisselle quand, au milieu du nuage de frisette qui la faisait tousser, elle ressentit les premières douleurs. Gare de l'Est et gare du Nord, les ateliers de maintenance du matériel roulant où mon père finit agent de maîtrise échelon 10. Entre la gare de l'Est et la gare du Nord, l'hôpital Fernand Widal, où il est mort. Boulevard de Clichy, le Sexy-show 2000, où je suis allé annoncer sa mort à mon frère – je ne l'ai pas reconnu tout de suite derrière la glace sans tain : dans la pénombre rouge, la cagoule de latex noir le décapitait, et il avait encore gagné quelques kilos de muscles. Boulevard Barbès, entre l'Étoile de Tunis et le Soleil maghrébin, ma chambre, où j'ai cru alors fatiguer mon chagrin en boxant dans le vide – en boxant le vide. Des heures, j'ai boxé ainsi dans le vide mon ombre sur le mur... À la fin, je suis tombé.

J'ai commencé la boxe à treize ans. J'étais en troisième à Jacques-Decour et, à chaque interclasse, à chaque interclasse, je me faisais tabasser. Et à la sortie, je me faisais taxer. Tout y passait ! ma casquette, mon blouson, mon sac-à-dos... Et arrivé à la maison, je devais encore subir un engueulo de mon père, qui ne voulait pas croire que j'avais tenté de me défendre, et les youyous de Maman, qui ne comprenait pas pourquoi son fils ! son fils ! le plus jeune de la classe ! le premier de la classe ! se faisait régulièrement casser la gueule par les caïds.

Pourquoi ? Mais parce que j'étais le plus jeune, justement, et que j'avais les meilleures notes. Parce que les filles m'aimaient bien. Parce que je bouquinais tout le temps. Parce que je ne me sentais pas déshonoré de répondre quand un prof interrogeait la classe. Parce que le prof de français a lu un jour à toute la classe ma rédac, en la donnant comme modèle. Parce que, comme mon père, j'avais à cœur de parler comme il faut. De dire, par exemple : « C'est ce dont j'ai peur... » Et pas : « C'est ce que j'ai peur... »

J'avais peur, oui. Je vivais dans une peur continuelle. Sur le chemin du bahut, dès que j'apercevais la cime des arbres du square d'Anvers – les frondaisons, comme je l'avais écrit dans ma rédac – « ouah, putain, les frondaisons, l'enculé ! » –, mes tripes se contractaient, ma bouche se séchait, j'étais en sueur. J'avalais une gorgée de l'élixir que me donnait ma tante Zaïa, un sirop fait maison qui me constipait pour trois ou quatre jours. J'avais le ventre dur comme pierre et les genoux en coton. Je les voyais massés sur le trottoir de l'avenue Trudaine, qui m'attendaient pour me charrier, pour me fritter. Les Francaouis de souche me caguaient parce qu'ils me jugeaient un peu trop sidi, les Sidis parce qu'ils me jugeaient un peu trop francaoui, les Chalalas parce que je n'étais ni chalala ni vraiment sidi ni tout à fait francaoui, les Blackos parce que j'étais white à leurs yeux, les Abdouls et les Niaqs, pour se faire bien voir des Blackos, des Sidis et des Francaouis... Quand je vois au journal télévisé un reportage sur les Hutus et les Tutsis, je revois la cour à Jacques-Decour. Et le premier qui viendra m'alourdir avec l'antiracisme des jeunes, je lui balancerai un jab du gauche dans la chetron – je peux maintenant, je sais, et il se trouve que je suis gaucher ! L'antiracisme des jeunes !

Le pire était le harcèlement, les coups en vache, les coups en loucedé, les coups de vice pas vu pas pris, les coups de briquet dans le dos, les coups de cutter dans ma doudoune et les cacahuètes sur la nuque, en passant. Et les gums collés sur mon siège, et le tagage de mon sac, et le sempiternel : « Enculé ! »

Tariq, le caïd des caïds, m'avait surnommé L'Erreur... Et ses barons, de reprendre en chœur :

– Ouaouh ! L'Erreur...

Ils me crachaient dessus. Je me réfugiais dans les chiotats. C'est là qu'ils m'ont coincé à quatre, un jour, et que Tariq a essayé de me noyer en me plongeant le nez dans la cuvette débordante. Je me suis débattu. Le pion qui m'a entendu hurler à la mort est intervenu juste à temps, je suffoquais. J'ai vomi, ensuite, tellement j'avais eu peur. Il m'a conduit à l'infirmerie, mais il paraissait considérer comme un incident sans gravité ce qui était pourtant, ni plus ni moins, une tentative d'assassinat. Il m'a d'ailleurs conseillé de la fermer pour ne pas m'attirer plus d'ennuis :

– Mollo ! Tu les as un peu cherchés, non ?

Je me suis remis à vomir. Plus que de la terreur, c'était maintenant de ce sentiment atroce d'injustice.

La bande m'attendait à la sortie, au coin du square d'Anvers. Cinq contre un plus petit qu'eux... Deux m'ont saisi sous les aisselles, deux autres m'ont plaqué au sol, Tariq m'a arraché mes baskets – des baskets toutes neuves, des Nike Air. Mon cadeau de Noël !

Pas un passant ne s'était interposé, personne n'avait rien vu. J'aurais voulu mourir. Je ne parvenais pas à me relever. C'était comme si je m'enlisais dans le bitume du trottoir. Et tout roulait et tanguait alentour comme sur une mer forte, les immeubles, les arbres, le ciel, les grilles du square.

Il m'a fallu – la honte ! – retourner à la maison en chaussettes. Boulevard Barbès, rue des Poissonniers, rue Marcadet, rue Ordener... Arrivé devant la tour où nous habitions, j'ai continué à marcher. Et j'ai longtemps erré vers le triage de La Chapelle avant de me décider à revenir sur mes pas, à monter, à sonner.

En me voyant ainsi déchaussé, un voisin de palier m'a dit :

– Putain, c'est pas une mosquée ici, Paulou !

Mon père venait de rentrer du travail. À peine si j'ai pu raconter ce qui m'était arrivé : les mots se bousculaient en moi, et les sanglots. Lui était livide de colère, il en bégayait. Pour une fois, il ne m'a pas accusé de n'avoir pas su me défendre, il me croyait sur parole. Il ne m'a pas laissé mettre d'autres chaussures mais m'a saisi par le poignet, m'a tiré comme un sac jusqu'au palier, m'a poussé devant lui dans l'ascenseur : il irait avec moi demander des explications au proviseur et porter plainte au commissariat. Maman a crié de derrière la porte d'entrée je ne sais quoi en arabe, mais il a haussé les épaules.

Alors, il m'a fallu le suivre en chaussettes. Il marchait vite, et je devais presque courir pour aller à son pas. Aveuglé par les larmes, le poignet pris en tenaille, meurtri, je trébuchais. Rue Ordener, rue Marcadet, rue des Poissonniers, boulevard Barbès... J'avais l'impression que tout le monde avait les yeux rivés sur mes chaussettes et que, du haut des rames du métro aérien qui roulaient dans un grand fracas lumineux, les voyageurs me dévisageaient.

Le proviseur ne pouvait pas nous recevoir. Son adjoint se contenta de promettre mollement une punition exemplaire, l'exclusion de ce Tariq. Mais comme, par peur des représailles, ou sens mal compris de l'honneur, ou les deux, je refusais de dénoncer nommément mes quatre autres agresseurs, il en conclut lui aussi que je devais avoir cherché la bagarre, que je faisais même partie de la bande, peut-être. Je prétendis que je n'avais pas pu les reconnaître parce qu'ils m'avaient pris en traîtres. Il suggéra que j'aille voir le conseiller psy pour « verbaliser mon angoisse ».

Mon père s'est insurgé :

– Verbaliser ! C'est à la police de verbaliser !

L'adjoint l'a regardé comme s'il découvrait une tache sur le fauteuil :

– Calmez-vous, monsieur Smaïl ! Calmez-vous !

Il ne devait guère prendre au sérieux sa menace de porter plainte, il devait sans doute savoir que les gens comme nous ne vont jamais porter plainte au commissariat, n'entrent jamais volontairement dans un commissariat.

Nous sommes ressortis du lycée aussi humiliés l'un que l'autre. Une honte commune nous unissait à présent, mon père ne m'a pas ressaisi par le poignet mais a posé une main affectueuse sur mon épaule.

– Il faut que tu apprennes à te battre, m'a-t-il dit. Viens !

Il m'a emmené au métro. Ce n'était pas pour retourner à la maison, mon supplice n'était pas terminé.

Direction Porte Dauphine, changement Place Clichy, nous sommes descendus à La Fourche. Il me conduisait à la salle de Monsieur Luis.

Pourquoi mon père connaissait-il Monsieur Luis ? Il avait fait un peu de boxe en amateur, dans sa jeunesse.

La salle est au fond d'une impasse, en contrebas. On descend sept marches : à gauche, des vestiaires en fer-blanc et des douches crasseuses, les agrès, les espaliers, une chaise romaine, des bancs pour les poids et haltères ; à droite, le parquet, le ring, les sacs. Un jour gris, d'une opacité de givre, tombe des vasistas en vitre dépolie qui donnent sur une rue derrière. Les gens, dehors, passent comme des ombres, avec leur vie qui, vue d'ici, semble si facile. Leur journée est finie, ils achètent le pain et des fruits, ils rentrent chez eux retrouver leurs enfants. En bas, nous sommes là pour souffrir, Monsieur Luis ne cesse de nous le rappeler. Et il se trouve toujours un boxeur pour gémir alors :

– C'est l'enfer !

Une odeur forte et trouble, mélange de sueur, de sciure, de cire, de cuir, de résine, d'embroc. Le bruit, aussi, la cadence rapide des poings sur les punching-balls, le heurt plus lent et mat des sacs de frappe, les cordes à sauter qui sifflent, les semelles qui crissent à l'unisson, les reniflements et les essoufflements... Dès qu'il est devant la glace, le boxeur se met machinalement à inspirer et expirer plus fort, comme s'il voulait se convaincre qu'il respire encore, qu'il n'est pas mort. Et c'est contre lui qu'il se bat, d'abord, contre son reflet dans la glace, contre son double et sa volonté lancinante d'abandonner tout de suite, de baisser la garde.

Monsieur Luis est de la vieille école. Il nous traite à la dure, toujours l'injure à la bouche, et la menace de nous renvoyer au vestiaire pour un oui pour un non. Jamais un encouragement plus net que « y est un petit peu moins noul ». Il soutient que « la psyholochie, y est un truc de *maricon*, por les gonzesses, por les pédés ». Il avait sept ans en 1939, quand, sur les épaules de son républicain de père, il est arrivé en France, mais il n'a jamais perdu son accent castillan, ni un certain mépris, très castillan aussi, pour tout ce qui, selon lui, fait *maricon* : les tenues fantaisie ou de couleurs vives, les maillots de foot, les joggings de grande marque. Si bien qu'à l'entraînement, nous portons tous comme un uniforme carcéral le vieux survêt en coton gris molletonné, mou, avachi. Et s'il s'agit de nous faire suer jusqu'à ce que nous redescendions à notre poids idéal, Monsieur Luis nous emballe dans de grands sacs-poubelles cent litres. Un trou pour le cou, deux pour les bras, trois ou quatre tours de gros ruban adhésif pour le resserrer aux hanches. Va ! tu n'es qu'un détritus humain, un déchet, un rebut, et si tu oses te plaindre, il te collera aussi un morceau de ce gros ruban adhésif marron sur les lèvres.

– T'as rien à y dire, mon gars ! T'es là por en chier ! T'es qu'une mierde !

Effrayé, du bas de mes treize ans, et en chaussettes encore, je le regardais empaqueter ainsi, brutalement, dans un sac-poubelle, un colosse noir tondu comme un bagnard, qui le dominait de toute sa masse mais se laissait faire avec docilité et endurait ses injures sans broncher. J'ai pensé à la dureté du Capitaine Achab, dans *Moby Dick*. Il me faisait peur, mais j'étais fasciné par ce respect qu'il inspirait à des hommes beaucoup plus jeunes et, à l'évidence, beaucoup plus forts que lui.

M'émerveillait aussi la légèreté, la vivacité avec laquelle ces hommes se fendaient, esquivaient des coups imaginaires ou le mouvement pendulaire des sacs, sautillaient en accélérant, assaillaient leur ombre. Ils ne se battaient pas, ils dansaient et paraissaient vouloir échapper à la pesanteur. Je saisissais confusément pourquoi on appelait cela le noble art. J'ai dit à mon père que je voulais bien essayer de faire comme eux, mais que j'étais sans doute trop petit.

Monsieur Luis a répondu que je pouvais toujours commencer par apprendre les postures, les gestes, le jeu de jambes, et qu'il veillerait à ce qu'on ne me frappe pas. Il a salué mon père comme un vieil ami perdu de vue depuis si longtemps qu'il ne se souvenait plus de son nom.

– Smaïl, Yacine. Vous, on vous a toujours dit Monsieur, Monsieur Luis.

J'ai noté que s'il le vouvoyait, Monsieur Luis le tutoyait. Ils sont allés discuter des conditions dans un cagibi qui tient lieu de bureau, au fond de la salle.

Et c'est alors que des hourras ont retenti : les boxeurs acclamaient un des leurs, qui descendait triomphalement l'escalier, les bras levés en V.

– Djabril !

Djabril Benhaya avait, la veille au soir, conquis son premier titre de champion de France des poids plume, et il venait ingénument recueillir les félicitations de ses camarades. Sa veste croisée en prince de galles godaillait par-devant, il l'a déboutonnée pour exhiber sa ceinture dorée tout en criant :

– Hip hip hip !

Monsieur Luis est ressorti de son cagibi.

– Qu'est-ce y est ce bordel ? Ah ! C'est toi, Djabril ! Y est pas une raison ! Continuez, vos autres !

Mais le champion des poids plume, tout enflé de sa gloire, et un peu aussi des coups qu'il avait encaissés au visage, se pavanait, virevoltait, esquissait des uppercuts dans le vide, mimait ce septième round où il avait décoché à son adversaire le fatal direct du droit...

– Hip hip hip !

Et puis il s'est tourné vers moi, et, au milieu

des rires, levant sa garde comme s'il avait peur qu'à mon tour je le cogne comme il avait cogné ce pauvre Bébé Habib, il m'a demandé ce que je fichais là, si j'étais le nouvel espoir de Monsieur Luis.

– Vas-y ! m'a-t-il dit, en m'effleurant du poing droit le menton. Ta garde ! Recule pas, putain ! T'es gaucher ? T'es d'où, toi ? Un melon, comme moi, Djabril Benhaya. La France, ils auraient pas de champions de France, s'ils avaient pas eu les colonies... Et qu'est-ce t'y as foutu de tes grolles ?

Sans égard pour mon sens aigu de la dignité, mon père lui a raconté ma mésaventure.

– Attends, attends, m'a fait Djabril, de combien tu chausses ?

Je chaussais du 39, lui aussi. Il est allé à son vestiaire, en est revenu en brandissant une paire de chaussures de boxe noires, des 26 trous !

– Pour toi, mon frère, pour toi !

Des chaussures toutes neuves, pleine peau, qu'il n'avait encore jamais portées ! Plus de mille balles ! Mais hier soir, par superstition, il avait mis les vieilles, des blanches. Il s'était souvenu qu'il avait toujours gagné avec des chaussures blanches... Il cabotinait avec un bonheur qui faisait plaisir à voir, il se grisait de son ostentatoire bonté, il jouait à l'archange dont il portait le nom – Djabril.

Mon père lui a répondu que je ne pouvais pas accepter un cadeau aussi princier – il a bien dit *princier*. Djabril, flatté, a insisté, s'est dit offensé si je refusais. Mon père a fini par céder.

– Et si tu y veux, m'a dit Djabril, lundi matin, c'est moi qui je t'accompagne à l'école ! Je suis ton grand frère. Je vais les corriger, moi ! Ils y oseront plus te taxer après. *Labès ?*

– *Labès.*

Je croyais à des paroles en l'air. Il avait griffonné sur le rabat d'une pochette d'allumettes notre adresse et l'heure où je partais pour le lycée, seulement il aurait oublié sa promesse, il aurait jeté la pochette avec la dernière allumette consumée, il ne se serait plus souvenu – un champion de France !

Mais, lundi matin, au pied de la tour, qui vois-je me sourire, le sourcil gauche souligné d'un ironique trait rose de sparadrap ? Djabril ! l'archange au nez cassé, nonchalamment adossé à une Golf GTI rouge vif. Du toit ouvrant ouvert, s'épanchaient les flots d'une musique disco orgastique...

– Monte, petit !

Je me suis carré dans le baquet rallye. Les basses et la batterie bastonnaient dans les haut-parleurs, résonnaient dans mes entrailles. Djabril avait enfoncé la touche *repeat*, la chanteuse haletait, jouissait sans fin – *I love you, baby... I love you, baby...* L'orgasme reprenait dès le point d'orgue... Vu de derrière les vitres fumées, Barbès se changeait en un boulevard triomphal. Les pneus feulaient à chaque feu vert. Une paire de gants de boxe miniatures dansait, accrochée au rétroviseur. Et moi, Paul Smaïl, j'étais le protégé d'un champion de France ! *El-Djena !*

La chetron des minus de la bande à Tariq,

quand ils m'ont vu descendre adagio de la Golf GTI – béquet, jantes ajourées, pare-soleil –, que la vitre côté passager s'est abaissée électroniquement en même temps que le son quadraphonique, et que le champion de France m'a lancé à haute et intelligible voix :

– Si ces fils de leur mère t'y emmerdent encore, tu me fais savoir à moi, Djabril Benhaya !

Et lorsque, à la gym, j'ai commencé à soigneusement lacer mes Everlast noires pleine peau 26 trous... Ouaouh, putain, l'enculé, j'hallucine, là ! Je suis *live* ?

– Il a du menton.

C'est à peu près le seul éloge qu'ait jamais fait de moi Monsieur Luis. Avoir du menton, c'est savoir encaisser les coups. On le dit rarement des stylistes, on le dit de ceux qui boxent brut. D'instinct.

Monsieur Luis a dit aussi que « je prenais bien ». Il entendait par là que je n'étais pas peureux, que je ne m'enfermais pas dans ma garde, que je ne me couchais pas au premier bleu.

À Jacques-Decour, j'ai fini par me faire respecter sinon craindre, sinon aimer. Je ne me suis pas fait beaucoup plus d'amis chez Monsieur Luis. Les gars ont tous plus ou moins eu l'ambition à un moment ou un autre de passer pro ; ils n'ont pas un an de salle derrière eux qu'ils veulent monter sur le ring, ils visent la carrière. Moi, j'ai tout de suite fait savoir que je resterais amateur amateur. Et jusqu'à ma manière de répéter le mot les agace un peu, je le sais. Ils y voient de la pose. Quoi que je fasse, je ne serai jamais à leurs yeux qu'un branleur. Je n'assiste pas forcément aux matchs qu'ils disputent à

Paris, ou en banlieue. Je ne suis jamais du voyage quand ils ont un combat en province ou à l'étranger. S'ils y vont en tire, comme par hasard il n'y a pas de place pour moi. Je fais semblant de me vexer uniquement pour ne pas les vexer, qu'ils s'imaginent que j'ai les boules – « Putain, niqué, Paulou !... » S'ils savaient à quel point je m'en fous !

Je ne suis pas de la bande, je garde mes distances. J'en fais juste assez pour qu'ils ne me traitent pas de pueur ou de casse-couilles. De loin en loin, un pot avec eux, au rade du coin, ou un couscous chez le frère de Farid, qui tient un bouib aux Abbesses. Le Royal agneau poulet merguez à 67 balles, le pichet de gris de Boulâouane à 23, le kawa offert aux potes par le patron... Le kawa bu, je glisse un billet de cent sous le verre à pied et j'annonce que je dois me casser fissa. Je ne donne pas de raison, on ne m'en demande pas. C'est bon ! on ne me retient pas.

Je fuis la discussion. Le ventre plein, la manière qu'ils ont, tous autant qu'ils sont, de se lancer alors dans un débat aussi oiseux que véhément : les meules, les meufs, Dieu, le classement WBA et le WBC... Si Tyson est toujours *number one*... Si la capote est interdite par le Coran... Si les basketteurs sont ou non tous pédés... Si il faut plus de couilles pour piloter une moto qu'une Formule 1... Si le pape est polaque... Si Johnny est feuj... Si son vrai nom est vraiment Smet... Le ton monte : à qui gueulera le plus fort, à qui aura le dernier mot, l'argument qui tue. C'est une surenchère continue d'injures, et les mères et les sœurs sont toutes des putes.

– Nique ta race !

– *Na' din' mok' !*

Cela, en toute fraternité, soi-disant. Nous sommes tous frères. Autour de la grande table ovale, nous pourrions poser pour une affiche de l'United Colors : des Beurs, djez et rocains, des Blacks, cainfs et zantilles, un Feuj... Et même un Français de souche, un, aux yeux bleus. Mais l'amitié entre nous est proche de la haine. Une certaine animosité couve toujours sous ces rires trop forts, ces démonstrations de tendresse excessives. Les tapes au creux des paumes font mal, les claques amicales sur la nuque sont de celles qui peuvent assommer.

Je ressors de Chez Mustafa, un vide au cœur, le cœur aux lèvres, une lourdeur à l'estomac. Sous le néon vert du croissant étoilé qui surmonte la porte en glace dorée, j'ai un teint cireux à faire peur. Je me reproche d'avoir une fois encore trop mis de harissa dans le bouillon. Aigreur des piments broyés, rage rentrée, gras de l'agneau qui est sans aucun doute du mouton chez ce voleur, mélange de rancœurs et de détresse... Envie de pleurer... De hurler à la mort... Renvoi. Je ne peux décidément plus supporter cette fausse fraternité, leurs rivalités si mesquines, leurs mentalités de petits chefs, et leur peur obsessionnelle de passer pour des pédés ! des enculés ! La virilité est le seul sujet dont ils ne se lassent pas : qui a la plus longue, qui a défoncé le plus de chagattes, qui est coupé et qui ne l'est pas... Ils peuvent garder la trique des heures, juter quinze fois de suite, crever des capotes extralarges tellement ils l'ont grosse – si si !

La virilité et la religion depuis que Fouad, Farid, Taouif, Samir-le-welter et Samir-le-lourd ont commencé à jouer les pieux islamistes, à nous réciter à tout propos les cinq ou six sourates qu'ils ont fini par retenir, à refuser le vin avec ostentation, la main levée – le salut fasciste, ou tout comme – pour repousser les kirs que le patron voulait nous offrir.

– Connards ! Comme si la fierté du melon, c'était de ressembler à sa caricature à la télé !

C'est ce que je leur ai sorti, un soir, excédé, en me levant de table avant le kawa. Après quoi, ils m'ont logé pour six mois au 40. Bonjour bonsoir, et marche à l'ombre ! Qui t'es, taha ? Qui t'es ?

De toute manière, je serai toujours un gris pour eux. Un pas net. Un au bord.

Bon. J'ai continué de voir Diop. De la bande, c'est mon seul vrai pote et je suis le seul à l'appeler par son prénom : Bernard. À table, il n'ouvre la bouche que pour rire mécaniquement à toutes leurs conneries – « ha ha ha » –, mastiquer sa viande, laper le bouillon à la louche, finir les plats, redemander quatre ou cinq fois un rab de semoule. Souvent, quand je me lève pour m'esquiver, du coin de l'œil il me fait signe de l'attendre dehors. Il me rejoint quelques minutes plus tard. Il aime bien redescendre avec moi vers Barbès. On se parle de tout et de rien, on se parle sans lever la voix, on se parle sans insulter à tout bout de champ nos mères respectives... On se parle, quoi. Il me fait monter dans sa piaule pour un petit joint, et me rendre des bouquins que je lui ai prêtés ou me prêter des siens. Une fois, nous avons eu la mauvaise idée d'en échanger dans les vestiaires du gymnase de Monsieur Luis : nous nous sommes tellement fait charrier – « ouaouh ! les pédés ! » – que nous n'avons jamais recommencé. La littérature semble un plaisir presque plus risqué que la fumette.

– Je me suis quefois fait chourer du hasch, mes bouquins jamais ! plaisante Diop. Même les qui m'ont plumé ma piaule à donf me les ont laissés.

De tous les romans que je lui ai passés, son préféré, me dit-il, reste le *Nègre du « Narcisse »*. Était-ce une provoc de ma part ? En est-ce une de la sienne ? Non. Mais comme on me traite de gris, on le traite dans son dos de Bounty : chocolat dehors, noix de coco dedans, noir blanc... Dans son dos parce qu'il mesure un mètre quatre-vingt-neuf et pèse quatre-vingt-quinze kilos, et qu'il est le plus fort cogneur de l'équipe de Monsieur Luis, et qu'il arbore parfois à la boutonnière, pour rire, mais personne ne s'y risquerait, un badge des Boucheries Bernard, claire allusion.

Il a pourtant lamentablement raté la carrière que lui avait prédite Monsieur Luis. Sur le ring, au milieu du public, en pleine lumière, il perd tous ses moyens. Il n'est plus que l'ombre de lui-même. Un soir, à la Villette, au troisième coup de gong, on l'a vu retourner vers son tabouret, éclater en sanglots comme un gosse. Il était perdu, il ne savait plus ce qu'il faisait là. La salle le huait, le sifflait, le bombardait de canettes vides... Monsieur Luis a jeté l'éponge avant même que l'arbitre ne prononce sa disqualification. Bernard Diop n'a plus jamais boxé en public.

Il continue de venir au gymnase trois fois par semaine. Par habitude ? Pour le plaisir ? Un peu des deux, sans doute... Comme moi. C'est un rite et une discipline, une pratique religieuse mais d'une religion sans Dieu. C'est une manière de se mesurer à soi – Diop contre Diop. Une manière de suer sa haine aussi, ou son angoisse. Alors qu'il pourrait ne plus se soucier de son poids, se laisser aller, il lui arrive de demander un sac-poubelle à Monsieur Luis.

Je me souviens de la première fois où je l'ai vu se faire empaqueter dans le plastique comme s'il était un déchet humain ; il se souvient de moi gamin fluet, en chaussettes.

Et qu'est devenu Djabril Benhaya ?

Quelques mois après sa victoire, il s'est fait salement amocher dans un combat sans gloire contre un tocard luxembourgeois, à Bruxelles. K.-O. dès la première minute du deuxième round. Embolie... Aveugle depuis.

– Il portait pourtant ses chaussures blanches...

Le champion des poids plume venait de quitter Monsieur Luis pour un coach plus coté. En apprenant la nouvelle de son accident, Monsieur Luis a grommelé qu'il n'avait eu que ce qu'il méritait, ce *hijo de puta*. Et nous ne l'avons plus jamais entendu mentionner son nom.

Mon père, lui, a insisté pour que je lui rende visite aux Quinze-Vingts : Djabril avait été mon ange gardien, je le lui devais. J'ai promis que j'irais le mercredi suivant mais, les trois mercredis qui ont suivi, j'ai trouvé à chaque fois une mauvaise excuse pour me défiler. J'avoue ici un abominable mensonge : j'ai raconté ensuite à mon père que j'étais bien allé aux Quinze-Vingts, mais que je n'avais pas pu le voir, que les visites étaient interdites aux moins de quinze ans s'ils n'étaient pas les enfants de l'aveugle... Le pire étant que je disais la vérité tout en lui mentant.

Puis Djabril a pu rentrer chez lui, c'est-à-dire chez ses parents, à Aubervilliers. Je ne sais pas comment mon père l'a su, mais il m'a rappelé ma promesse. J'ai menti une fois encore : le mercredi suivant, j'ai prétendu que je lui avais rendu visite... Et combien cela m'avait impressionné de voir ses yeux morts quand il avait enlevé ses lunettes noires ! et qu'il était très courageux ! et que je lui avais lu quelques pages du bouquin que j'avais emporté pour m'occuper pendant le trajet en RER, *Le Livre de la jungle*. Que ça lui avait beaucoup plu... Tout un roman ! Sans rougir, sans hésiter, sans me couper ni me contredire. Et en soutenant le regard de Daniel, qui pouvait me trahir : nous avions passé l'après-midi ensemble à jouer chez des potes qui habitaient notre tour, deux étages au-dessus.

Je pouvais donc parfaitement mentir tout comme un autre ? Et à mon père, encore ? Oui.

Mon père est mort sans avoir su que son fils lui avait menti. Lors d'une de mes toutes dernières visites à l'hôpital, alors qu'il était encore lucide, pendant un moment je me suis demandé si je n'allais pas finir par soulager ma conscience, des années après :

– Papa, il faut que je te dise...

– Oui ?

– Non. Rien. Des conneries.

Tout à coup, j'ai songé que lui faire cet aveu maintenant, ce serait lui avouer également qu'il était perdu : ce genre d'aveux, on ne les fait qu'aux mourants. Il fallait continuer de tricher, de faire comme s'il allait guérir et revenir à la maison.

Heichma ! La honte ! J'entends mon père, j'entends ma mère, j'entends ma tante Zaïa cracher le mot comme on recracherait un pépin de pastèque ou un noyau de datte. La honte m'a toujours paru plus honteuse exprimée en arabe. Et ma honte à moi m'est restée en travers de la gorge – *heichma !* Est-ce la raison pourquoi j'écris ? Au revers de la couverture de mon bloc, j'ai noté ces mots de Jean Genet : *Écrire est le dernier recours quand on a trahi.*

Sur un écran de la vidéosurveillance, un insomniaque qui fait les cent pas au long d'un des couloirs. À mesure qu'il se rapproche de la caméra, l'angle de vue lui épate les traits, lui aplatit la face, l'étale jusqu'à lui donner un inquiétant faciès d'idiot. Comme si la troisième dimension avait disparu.

Je détourne le regard. Et qui vois-je me tirer la langue et loucher comme un pitre, son nez cassé écrasé sur la vitrine, le visage parfaitement encadré par l'o de *Modern'* ? Diop.

Il tambourine du bout des doigts sur le verre un petit bonjour affectueux, je lui fais signe d'entrer un instant. Mais il invoque un sommeil pressant, qui lui fermerait irrésistiblement les paupières : quatre heures du matin, il rentre se coucher. Et, hilare, quoique mimant la sévérité, l'index pointé sur mon bloc, m'ordonne de continuer d'écrire, moi.

Bon. Je continue. De fait, je reviens quelques pages en arrière dans mon bloc. Je reviens à la plage de galets chauffée à blanc, à l'éblouissement de midi sur la mer. Je roule vers l'eau la baleinière du capitaine Achab : une énorme chambre à air de camion que mon père a réparée pour nous en faire une bouée. Daniel s'est casqué de son seau à sable et court en brandissant sa pelle.

– À l'abordage !

Je lui dis qu'il s'est trompé d'histoire, que nous allons chasser Moby Dick. Il objecte, non sans raison, que la baleine blanche ne fraie pas dans ces parages. Lui préférerait jouer à *L'Ile au trésor*, ou à *L'Ile mystérieuse*. Ou bien nous serions ces terribles pirates barbaresques qui autrefois écumaient la Méditerranée et capturaient ces chiens de chrétiens pour les réduire en esclavage.

Maman nous crie de nous mouiller les cheveux d'abord, et de ne pas trop nous éloigner du bord.

– Moi, je suis Sindbad ! proclame Daniel, en m'aspergeant, en riant aux éclats.

Sindbad est son héros préféré depuis que je lui ai offert, pour son dixième anniversaire, un livre illustré de ses aventures. Parce que le dessinateur n'a pas hésité à donner un air méchamment arabe au marin des *Mille et Une Nuits* ?

Nous embarquons, nous nous juchons à califourchon sur le gros boudin de caoutchouc noir étoilé de rustines, nous voguons vers l'île enchantée : le plongeoir flottant, là-bas, où sont allongées des nanas blondes qui ont enlevé leurs soutifs – j'en bande à crever le slip intérieur en filet de mon bermuda.

D'autres gnards, embarqués sur des matelas ou des petits canots pneumatiques, essaient de nous couler. Mais depuis plus d'un an que je fréquente la salle de Monsieur Luis, j'ai appris à ne craindre personne. Un bon coup de poing décoché net sur l'oreiller du matelas ou à la proue du canot, ils chavirent les uns après les autres, et les équipages jetés à la mer se débattent dans les cris, les rires et les éclaboussures. Daniel est aux anges, il exulte, il sabre le ciel avec sa pelle. Victoire de la piraterie barbaresque ! Les Smaïl, nous sommes les plus forts ! Nous avons repoussé l'assaut des corsaires du roi de France ! *Allah akbar !*

Nous continuons de nous laisser porter par le courant vers l'île enchantée des Nanas nues. Nous doublons le cap : mon idée est de contourner le ponton pour aborder non par l'échelle mais par une des chaînes d'ancre, du côté du large.

Je nomme mon frère capitaine, je lui confie

notre chébec. J'empoigne la chaîne gluante d'algues, je grimpe en évitant de la faire grincer. Me voici le menton à ras du parquet goudronné, le nez et les yeux grands ouverts sur toute cette chair offerte, grasse de lait solaire et nacrée d'un peu de sueur. Seigneur ! ces seins ! ces aréoles ! ces mamelons ! ces aisselles ! ces épaules ! ces ventres ! ces cuisses ! le duvet blond de ces cuisses ! et ces vulves que voile à peine le bikini mouillé ! Et ces reins, Seigneur ! Et ces fesses ! Et ces fossettes à la naissance des fesses ! Deux d'entre elles, couchées sur le ventre, ont aussi enlevé le bas ! Je jute, je pourrais jouir sans les toucher, je pourrais jouir sans me toucher !

Mais il y a deux balèzes avec elles, minislips de lurex et écrans polarisés modèle Bernard Hinault, musculatures du genre gonflette, grosses gourmettes, l'un un crucifix en or massif au creux de ses pectoraux épilés, l'autre l'étoile de David... Je n'ai pas été assez discret, ils se sont redressés sur leurs coudes et me jettent :

– Casse-toi, connard ! On est complet. Et on veut pas de pisseux pour nous mater...

– On veut pas de Beurs, surtout ! Ici, c'est l'apartheid ! Et toi, tu pues ta race !

Une des sirènes part d'un rire strident, qui me fait mal. Une autre m'envoie une giclée de lait solaire dans les yeux.

– Paul ! Paul ! me hèle d'en bas Daniel, la voix enrouée par la frayeur. Paul !

Je m'essuie les yeux, je fais mine de ne pas vouloir me laisser intimider, mais les deux nases gros bras se sont levés et menacent de me cogner maintenant. Je ne vais pas jouer les héros, je lâche la chaîne. Je plonge sous la bouée, j'émerge au centre. Je dis à Daniel :

– T'as pas eu peur ?

Il me répond que non, d'un hochement du front. Mais son regard, mais son silence, mais ses lèvres qu'il mord si durement le démentent. Alors, je bats des pieds avec vigueur pour le ramener vers la plage. Comme la baleine blanche sur les illustrations de *Moby Dick*, je souffle et recrache bruyamment l'eau avalée, mais cela ne l'amuse plus. Et il ne desserrera plus les dents jusqu'au soir.

Même lorsque Maman proposera des glaces, elle se heurtera à son mutisme buté.

– Chocolat-pistache, Daniel ? Trois boules, chocolat-pistache-fraise, Daniel ? Non ?

Muet, il fait non de la tête.

– Qu'est-ce qu'il y a, mon fils ?

Elle le prend dans ses bras pour le cajoler, mais il se débat. Il veut qu'on le laisse seul.

Par la porte entrouverte, je la vois assise sur un tabouret, recroquevillée, les mains croisées autour de ses genoux, qui se balance doucement d'avant en arrière comme pour bercer sa douleur. Elle ne gémit plus, ne pleure plus, et ce mutisme buté a pour moi quelque chose de plus affreux encore que ses cris déchirants comme des youyous, au bout du fil, lorsque je l'ai appelée de Hambourg pour lui redire ce qu'elle savait déjà : que c'était fini.

Elle ne s'est pas coiffée. Elle est en gandoura et babouches. Depuis la mort de mon père, Maman s'habille plus volontiers à la marocaine – manière pour elle de ne plus s'habiller. Surtout si elle n'a pas à sortir. Or elle sort de moins en moins, trouve de moins en moins de raisons de sortir.

Daniel n'aimait pas la voir en gandoura sur la plage. Je dis : Daniel, mais si je suis absolument sincère avec moi, il me faut dire : Daniel et moi, ses fils. Même si un jour où mon frère lui reprochait de ne pas mettre une robe comme les autres femmes, je l'avais durement repris :

– Putain, t'as pas honte ? Maman met ce qu'elle veut ! T'as de la chance que Papa t'ait pas entendu.

J'ai posé l'urne contenant ses cendres sur le lit du haut des lits superposés, le sien au temps où nous partagions cette chambre. Les montants et l'échelle de bois nous étaient les mâts et haubans de notre navire. Hissez la grand-voile ! Carguez la brigantine et le cacatois ! À la hune, Queequeg !

Je retrouve sur une étagère *Les Aventures de Sindbad*, et *Redburn, ou Sa première croisière, raconté aux enfants*. Collé sur la porte, un portrait en pied, grandeur nature, de Vince Taylor, non pas le chanteur qu'écoutaient nos parents, mais le body-builder vainqueur de l'Iron Man 92. Au-dessus de son lit, le mien autrefois, l'affiche d'un concert de Khaled. Je ne me souvenais pas qu'il aimait Khaled. Je me souvenais qu'il écoutait The Cure – « *This isn't love this isn't life this isn't real this is a lie...* »

Il disait volontiers, par provocation, que rien de ce qui était arabe ne l'intéressait. Mais quand il a compris qu'il était très malade, il a cessé de renier ses origines. Comme si de s'arabiser pouvait le guérir, peut-être. Lire le Coran, écouter du raï, décider qu'il observerait scrupuleusement le prochain ramadan... Peu de chose, en somme, et de pure forme. Et il est mort une lune avant le ramadan. Mais il n'aurait certainement plus jamais reproché sa gandoura et ses babouches à Maman. À la toute fin, il m'a dit, chose étrange, que s'il s'en sortait, il retournerait vivre au Maroc. Retournerait vivre... Comme s'il y avait jamais vécu !

Tous ses jouets sont là encore : il gardait tout, ne cassait pas, prenait soin de ses affaires. Sur son bureau, des piles de *Monde du Muscle*, de *Flex*, d'*Ironman*, et des catalogues *Hein Gericke* – les pages consacrées à l'équipement pour le cross marquées au moyen de *post-it*. Mais aussi, bien alignés sur trois rangs le long de la rainure formant plumier, ses Spidermen, ses Goldoraks, ses Dark Waders, et des petits personnages Playmobil : ouvriers, pompiers, policiers, ambulanciers... Dont aucun n'a perdu ses accessoires : son casque, ses outils, ou sa mallette des premiers soins.

Mais la plupart tombent lorsque j'ouvre le tiroir du haut. Daniel avait donc la patience de les replacer debout à chaque fois ? Ou tirait-il le tiroir avec plus de délicatesse que moi ? Et puisqu'il n'y a pas la moindre poussière, c'est que Maman aura continué à les épousseter en son absence, un à un.

Dans ce tiroir, d'autres revues de culturisme et une photo dédicacée de Nagui (une photo dédicacée de Nagui, Queequeg !). Dans un autre, des carnets à spirale que je commence à feuilleter. Il y notait avec une précision maniaque, au gramme et au millimètre près, jour après jour, son poids et ses mensurations, ses progrès en musculation : cou, biceps, épaules, poitrine, taille mesurée au sternum, taille mesurée au nombril, cuisses, mollets. Listes démentielles de chiffres dont certains sont soulignés au feutre rouge. Nombres de séances par semaine, d'exercices par séance, de répétitions par exercice... Poids soulevés... Calcul des quantités de protides, lipides et glucides ingérés à chaque repas : tant de blanc de poulet, tant de fromage blanc allégé, tant de céréales avec additifs – vitamines, lécithine, leptine, carnitine, créatine, insuline, choline, ovalbumine et lactalbumine, acides aminés... Et puis, je le devine, le registre d'une plus sinistre comptabilité : celle de son dopage ; les saloperies avec quoi il salait la soupe, comme on dit chez Monsieur Luis – les produits vétérinaires, anabolisants, testostérones et autres, qui l'ont tué. Med, Sol, Dur, Bol, Clen, Glut : les noms sont énigmatiquement abrégés et suivis d'une série de dix à douze chiffres – dates, quantités des prises, et prix, j'imagine.

– Putain, petit frère, tu pues ! Et t'as vu comme tu sues ?

C'était une sueur blanche, épaisse, grasse, mousseuse comme l'écume à l'encolure des chevaux... Gluante, oui, comme du foutre. Et une odeur de boucherie, une odeur de laitage qui se décompose. Je remarquais aussi que sa peau avait durci et pris l'aspect d'un gros cuir. Mais il me souriait d'un air idiot, pour me narguer.

– Ouais, et quand je pisse dans le noir, c'est Pigalle ! Je pisse lumineux, je chie orange. Faut que tu voies ça ! De la merde fluo ! C'est le boldone associé au clenbutérol qui fait ça. On en donne aux chevaux, et je me charge comme un cheval. Je prends la dose comme pour un canasson d'une tonne... Ouais ! Un shoot par semaine. Putain ! l'intrave, je te raconte pas, tu la sens passer ! T'as le cul en béton pendant une bonne heure, tu peux plus bouger. Mais, après, c'est jouissif... Les premières fois, c'est jouissif : tu soulèves le plus petit haltère et, bang ! t'as le biceps qui double de volume...

– Et t'as le foie, aussi, qui double, ou triple, de volume ! Monsieur Luis m'a raconté. Et t'as le pancréas qui finit par éclater. Et t'as les tendons qui explosent... Qui explosent, Daniel ! Et t'as les couilles qui explosent aussi ! Et tu te chopes comme rien un cancer ou un parkinson, Daniel ! C'est pas vrai ! T'es dingue ! T'es pas un cheval, merde, t'es pas un cheval !

Mais il hennit pour me provoquer un peu plus, et poursuit son idée :

– Hhhin ! Mieux que le médol, mieux que le durabolin, mieux que le soludécadron ! Au début...

– Au début..., ouais ! Les premières fois. Mais, après ?

– Au début, tu sens tous tes muscles se gorger de sang, tu bandes de partout...

– De partout sauf de là où c'est le meilleur de bander ! Parce que quand tu touches à ça, très vite tu bandes plus, je le sais...

– Monsieur Luis me l'a dit ! me coupe-t-il, moqueur, d'un ton de fausset.

Je fais mine de vouloir le frapper. Je crie :

– Tu bandes plus !

Il réplique à voix basse, désabusé :

– Plus bander ou bander pour des mecs...

– Putain, je le crois pas ! petit frère ! tu vas pas, en plus, m'alourdir avec cette connerie ! J'en ai rien à chier que tu te fasses casser le pot ! Je suis pas Farid, je suis pas Taouif ! Mon frangin peut queuter avec qui il veut. Je te préférerai toujours pède que mort, moi. Et si tu continues avec ça, tu vas crever ! Regarde ! t'as les mains qui tremblent, putain ! Mais regarde-toi dans la glace ! C'est plus de la muscu, c'est de la boursouflure ! Du pur bœuf ! Mais, merde, t'es pas de la viande, Daniel, t'as une âme ! Et elle est où, ton intelligence, là-dedans ?

– De toute façon, j'ai toujours été con, alors... J'ai eu mon bac qu'au troisième coup, moi. Et sans mention ! Je trouverai jamais de vrai boulot.

– Moi non plus, c'est pas la question. Du vrai boulot, y en a pas pour nous – point. Y en a plus pour les Roumis, alors nous !... Mais t'es pas plus con qu'un autre, tu le sais. Putain, t'es pas plus con que moi ! Sauf quand tu te piques aux anabos, à des doses de cheval ! Si c'était de la vraie dope pour voir la vie en rose, encore, je comprendrais. Mais non ! tu te tues pour rien, putain !

– Je m'en fous, je suis foutu. Et puis pourquoi je chercherais un vrai boulot ? Je me fais cent sacs en trois plombes au peep, fifty au black !

Il a dit cela en relevant le menton, d'un air de défi, mais ses yeux se sont emplis de larmes, et il a posé alors son front sur mon épaule... Et il s'est mis à sangloter.

– Pleure pas, en plus ! Pleure pas, petit frère !

Sa nuque massive ruisselait d'écume, et l'odeur forte, animale, qui s'en dégageait, plus suint que sueur, m'écœurait un peu. Il murmurait entre deux hoquets :

– J'ai la haine, j'ai la haine...

Mais il le faisait sans violence, presque sans haine. Moi, je voulais lui dire que c'était de lui qu'il avait la haine, avant tout, mais les mots ne me venaient plus.

Mes larmes coulent sur son carnet à spirale, diluant l'encre et cloquant le papier quadrillé, brouillant les chiffres qu'il y avait notés. Ses monstrueuses mensurations se confondent et s'effacent. Je jette le carnet au fond du tiroir, que je referme. Les Goldoraks et les Dark Waders demeurés debout tombent à leur tour. Je suffoque. Je voudrais m'allonger sur le lit – le mien, le sien, je ne sais plus. Et je ne sais quoi me retient de le faire. Un autre souvenir surgit, plus lointain et cependant soudain plus proche. J'ai quatorze, quinze ans, Daniel onze ou douze. Il se plaint que je m'agite beaucoup le soir avant de m'endormir, que cela secoue les lits superposés et le réveille dans son premier sommeil.

La vérité est qu'à peine la lumière éteinte, je commence à me branler avec fureur dans un pan du drap imprimé, au milieu des vagues, des voiles, des boussoles, des roses des vents, des vieux parchemins et des trésors... Je me branle en repensant aux blondes du plongeoir, l'été dernier, ou à la comptable de Monsieur Luis, une blonde, aussi, habillée strict, mais qui doit porter en soutif du 100 C, et que j'ai vue l'autre jour traverser le vestiaire sans s'excuser, comme si de rien n'était... Comme si elle, ne m'avait pas vu !

Ou, mieux, à Mme Crémieux, la bibliothécaire. Annie. Annie ! La salope, elle me demande si je veux rester après les cours, lui donner un coup de main, l'aider à trier les livres, à classer les fiches... Si je veux ! J'ai bien vu dans son jeu, la salope : elle, en fait, elle veut se faire le petit Smaïl ! Comme par hasard, elle doit monter à l'échelle pour ranger des Conrad. Putain, ce cul, la salope ! Elle me demande de lui passer les volumes un à un... Elle me vouvoie, la chienne ! C'est leur truc, les chiennes, elles vous vouvoient ! C'est leur manière de dire qu'on peut y aller, qu'elles n'attendent que ça ! Et, putain, elle porte pas de culotte ! Annie porte pas de culotte ! Je suis juste en dessous, je lui vois la touffe ! Cette salope, je vais monter à l'échelle et la forcer, là ! la prendre en levrette ! sur l'échelle ! Je lui remonte sa jupe, elle ne dit rien, elle ne me gifle pas. Elle en a trop envie, la salope... Elle est moite, elle gémit comme une chienne en chaleur ! Je crache dans ma main pour me lubrifier le chibre... Je... Ah !

– Merde ! Arrête ! me lance d'en haut Daniel. Arrête de remuer ! tu me donnes le mal de mer. Je sais ce que tu fais, je le dirai à Papa !

– Si tu lui dis, petit frère, je te tue ! Parole !

– Et d'abord, arrête de m'appeler petit frère ! J'en ai marre !

Tu avais toutes les raisons d'en avoir marre, petit frère : je devenais impossible. Mais tu ne m'as pas dénoncé. Jamais tu ne m'as trahi. La complicité entre nous fut toujours la plus forte, le sens de l'honneur. Tu couvrais mes conneries, je prenais ta défense quand notre père te traitait de crétin et de cossard, qu'il te criait dessus que tu finirais clochard... Ou qu'il aurait encore préféré une fille à un pareil fils.

– *Er hat nicht geleiden...*

Sur le coup, je n'ai pas compris ce que me disait l'infirmière en me raccompagnant à l'ascenseur, mais je l'ai remerciée :

– *Danke schön.*

Puis, me rappelant le peu d'allemand que je sais, j'ai deviné qu'elle me disait ce qu'on dit toujours en ce cas : il n'avait pas souffert. Mais qu'en savait-elle ?

E, pour moi, signifiant dans un ascenseur entresol et non *Erdgeschoß*, j'ai appuyé sur le bouton marqué U, et me suis retrouvé à l'*Untergeschoß*... Au sous-sol. Les portes d'acier se sont ouvertes sur la vision d'amas de linge sale dans des chariots, et d'une pancarte fléchée vissée sur le mur de béton brut du fond qui indiquait *Desinfektion.*

Dans mon désarroi, j'ai appuyé sur le 3, je suis remonté à l'étage où mon frère venait de mourir... Et puis, par erreur encore, j'ai rappuyé sur le U. La cabine est redescendue. Mais Dieu merci, les portes se sont ouvertes avant, au rez-de-chaussée. Et je me suis précipité pour sortir enfin.

Il y avait des téléphones dans le hall. Il fallait que j'appelle Maman. Il fallait que j'appelle Maman... Lui dire, pour Daniel. Lui dire.

Si je relis sur l'écran ce que je viens d'écrire, les choses me paraissent plus irréelles encore. Les mots se détachent trop net sur le fond lumineux pour rendre le flou, l'état second dans lequel j'ai vécu ces moments d'horreur, le dédoublement du moi : c'est moi et ce n'est cependant plus absolument moi qui fais ce qu'il faut faire alors.

Je me voyais agir, je me voyais marcher vers l'ascenseur et je m'entendais répondre à l'infirmière qui me disait que mon frère n'avait pas souffert : « *Danke schön.* » C'était et ce n'était plus tout à fait moi qui lui répondais. C'était et ce n'était plus tout à fait moi qui dans l'ascenseur appuyais par erreur sur le U. C'était et ce n'était plus tout à fait moi qui composais le 00 33, pour appeler la France, pour appeler Maman... Et qui ai poursuivi en composant un autre numéro : je joindrai d'abord ma tante Zaïa. Moi, je n'avais pas le courage d'appeler tout de suite Maman.

Et puis, le lendemain, toujours dans cet état second, il m'a fallu encore remplir des formulaires, accomplir les dernières volontés de Daniel : se faire incinérer. Que son quintal de muscles anabolisés soit réduit en cendres... Une dernière punition plus qu'une dernière volonté, me suis-je dit. (J'ai la haine, j'ai la haine, j'ai la haine, j'ai la haine, j'ai la haine – je pourrais copier-coller *j'ai la haine* jusqu'au bas de la page.) Mais je respecterai sa volonté.

L'autre était qu'il me léguait son équipement pour l'enduro.

Je me trouvais maintenant dans un bureau moderne, bas de plafond, face à un fonctionnaire réglementairement compatissant – *sehr korrekt* –, qui me tendait des liasses de paperasses à signer. Une secrétaire du consulat de France, tout aussi administrativement humaine, sensible, polie, me traduisait les quelques lignes qui précédaient la ligne de pointillés où je devais signer. J'avais le choix des procédures : soit faire rapatrier le corps d'abord, soit l'incinérer ici en Allemagne, et importer librement l'urne en France.

– Vous êtes euh... Français.

– Français. Né en France, de père Français.

Un grand-père mort pour la France, un oncle assassiné par la police française aux ordres de Papon..., n'ai-je pas ajouté.

Elle m'a dit mes droits et les dispositions de la loi : étiquette verte CEE, libre circulation des marchandises... (Des marchandises, Daniel !)

Le surlendemain, à l'aéroport de Hambourg, un employé de la sécurité a collé sur l'urne un ruban rouge adhésif marqué *Identified parcel*. Mais l'alarme a sonné lorsque j'ai passé le portique.

– *Was ist das ?*

– Les cendres de mon frère.

– *Was... ?*

– *Ashes... My brother.*

Je n'avais plus de colère, ni de chagrin. Et c'était moi, et ce n'était pas moi qui passais le portique.

Je reprends l'urne que j'avais posée sur le lit, il faut que je coure prendre mon service chez Speedzza. Mais qu'en faire ? Je ne vais pas livrer les pizzas avec...

Le placard. En poussant une des portes coulissantes, je m'aperçois que mon frère n'a pas cherché à étendre son domaine après mon départ de la maison, comme il aurait été naturel : à droite, les cintres et les planches sont demeurés vides. (C'était tout toi, Daniel.)

Il n'a jamais fait d'enduro, ni d'ailleurs de moto. La seule meule qu'il ait pilotée dans sa vie, c'était, comme moi, la mob rouge du livreur de pizzas – putain, la honte ! Mais l'équipement pour l'enduro lui plaisait : le fute matelassé, la ceinture de maintien, les coudières, le plastron, les grosses bottes – modèle *Tuareg*. Dans le catalogue, les motards posent sur fond de désert au Sahara... Une armure qui l'aurait protégé, mais de quoi ? Pour livrer les pizzas, il devait se contenter, avec l'uniforme en ciré rouge et le casque léger, des bottes – Speedzza n'autorise aucune autre fantaisie. Je me contenterai moi aussi de porter ses bottes, qu'il a tenu à me léguer, Dieu sait pourquoi.

Ses trésors, ses secrets sont enfermés dans un coffre en fer-blanc ouvragé, d'artisanat marocain, que lui avait offert, je crois, Zaïa. A-t-il jamais deviné que j'avais fini par percer la combinaison de son cadenas : 5317 ? Je tourne les molettes : 5, 3, 1, 7 – j'entends le déclic, le cadenas s'ouvre.

Les trésors de Daniel, ses secrets ? Des cartes postales et des cartes de vœux envoyées par des camarades de classe, de beaux galets blancs ramassés sur la plage, des dirhams, deux billets neufs de cinq cents francs, une montre Ironman dont le verre est cassé, une lettre de plusieurs pages dans son enveloppe timbrée d'Allemagne – que je m'interdis de lire, quelque envie que j'en aie. Des accessoires pour le peep-show : un harnais pectoral clouté, un string en satin or et un énorme pénis postiche à glisser dedans, la cagoule de latex noir. Deux minimes orifices à l'endroit des yeux, deux aux narines... J'ai la curiosité de l'enfiler. Mais je n'ai pas su la placer correctement : la matière étanche et froide se plaque sur mon nez, plus j'inspire plus je suffoque dans le noir, c'est comme si j'avais coiffé la mort, l'angoisse me submerge, je panique, et je la retire si vivement qu'elle se déchire... J'ai du mal, ensuite, à reprendre mon souffle.

Je retrouve aussi dans le coffre, j'avais oublié que je m'amusais à cela quand j'avais quatorze, quinze ans, des feuilles de Canson à gros grain, couleur crème, où je dessinais au feutre les cartes de nos îles au trésor, puis que je roulais comme des parchemins après en avoir noirci les bords à la flamme d'une bougie... Et de prétentieux papiers dentelés sur quoi je lui calligraphiais à l'encre noire pailletée d'or des proverbes arabes, des vers, des souhaits pour son anniversaire... Ou ces mots de Rimbaud : *Moi, je suis intact, et ça m'est égal.*

J'ai rangé l'urne au fond du placard, j'ai refermé le coffre, puis j'ai appelé Zaïa, qu'elle vienne tenir compagnie à Maman : Maman était toujours assise là, sur un tabouret, à se balancer doucement d'avant en arrière. Je lui ai dit que je reviendrais après le service chez Speedzza. Elle a simplement hoché la tête : Va, mon fils... Je ne l'ai pas embrassée, j'avais trop peur qu'elle s'accroche brusquement à moi et me mette en retard. J'aurais pu me décommander, à vrai dire, on ne m'avait pas vu depuis douze jours chez Speedzza : un de plus ou de moins... Mais je ne pouvais plus supporter ce chagrin sec, silencieux. Et il me semblait que cela me soulagerait, moi, un moment, de foncer gaz à donf sur la mob pour livrer des pizzas, de rager au milieu des encombres, de slapper la feuille et de touiller la dégueule, de voir des gens qui ne seraient pas en deuil, des gens qui attendraient chez eux leur Maxiregina-promo-épaule-anchois en regardant PPDA.

Quand je suis arrivé au labo – on dit : labo, chez Speedzza –, quand je suis entré, pas un ne m'a posé de question pour Daniel : ni Taouif, ni Gamal, ni Bruno, ni Mickey, ni Pinocchio, à qui j'avais pourtant expliqué pourquoi je devais aller à Hambourg... *Oualou*. Pas un mot. À peine : « Salut taha ! » Et une claque dans la main... Bon. Je pointe, j'enfile un surfute en ciré rouge – à tac ! Faire le vide en moi. Surtout ne pas penser à Daniel, qui a bossé ici... Soi-disant, on formerait une famille chez Speedzza : « une ministructure, cinq franchisés sur Paris, sept sur Banlieue, ultraperfo mais ambiance hypercool » – je cite le patron, M. Beni. Tandis que chez Pizza Chiotte, comme on surnomme le concurrent numéro un, la grosse multinationale, c'est le bagne, paraît-il. Et quant à s'y faire embaucher, autant essayer d'entrer cadre supérieur chez IBM ! Entretiens préliminaires, tests d'évaluation, interrogatoire et contre-interrogatoire... Votre casier judiciaire, vos trois derniers livrets scolaires, les prénoms de vos parents et de vos grands-parents, leur nationalité... Votre orientation sexuelle... Avez-vous déjà souffert de dépression ? de troubles mentaux ? Avez-vous été scout ? militant d'un parti ? lequel ? ou membre d'une association ? laquelle ? Avez-vous l'esprit d'équipe ? et le sens du sacrifice ? Seriez-vous plus motivé par le projet d'une réussite personnelle ou par le succès de l'entreprise qui vous emploierait ? Combien de brosses à dents usez-vous par an ? Utilisez-vous quotidiennement un déodorant ? Vous lavez-vous les mains avant d'entrer aux toilettes ? Toujours – souvent – parfois – jamais. Vous lavez-vous les mains en ressortant des toilettes ? Toujours – souvent – parfois – jamais. Dites en trente mots maximum ce qui vous fascine dans la pizza. Et dans la livraison de la pizza à domicile ? Quel autre produit serait susceptible de vous intéresser ? *Do you speak fluent english (answer this question in english)* ? Complétez les figures, cochez les cases, rayez les mentions inutiles, écrivez lisiblement.

Je revois mon frère revenant effondré de l'interrogatoire : une fois encore on lui refusait un job ; il avait raté le tout dernier test, qui consistait à barrer l'intrus dans des listes de mots. Exemple : un des ingrédients suivants n'entre pas dans la composition de nos fameuses *purely american pizzzzzas* : – farine, – sel, – amour, – tomate, – margarine – lequel ? Daniel avait biffé le mot *amour*, il fallait biffer *margarine*. Il y a de l'amour dans les pizzas *Bip bip*, il n'y a pas de margarine.

Désespoir, colère, indignation, il répétait mécaniquement :

– Je suis con, je suis con, je suis con...

J'étais plus indigné que lui encore :

– Putain, maintenant faut avoir fait l'ENA pour livrer des pizzas ?

Mais il n'y avait pas à s'étonner, puisque c'est devenu la règle, puisque tout cela est voulu, est pensé, est organisé ainsi – partout. Puisque ces humiliations continuelles que nous subissons dans notre recherche d'un boulot, n'importe lequel, ne sont pas dues à la négligence ou à l'indifférence, ce qui serait déjà scandaleux, mais le résultat d'un plan délibéré des possédants pour supprimer les ressources humaines ! Tout, tout est fait pour nous vexer, pour nous rabaisser, pour nous casser ou nous rendre fous – de l'amour dans les *purely american-pizzzzzas* ! Mise au pas, sélection, tortures psychologiques, apprentissage par la peur, dressage à la servitude, lavage de cerveau, élimination... Élimination de toute une génération de jeunes hommes comme en 14-18. C'est une guerre, aussi. Oh ! on ne nous fait pas crever dans les tranchées de Verdun, non, on nous fait crever de honte et d'ennui. On est de la chair à chômage comme ils étaient de la chair à canon... Et les cv envoyés par centaines – pour rien ! Et les entretiens d'embauche – pour rien ! Et les candidatures spontanées – pour rien ! *Oualou*. Et, pire, les stages : le mensonge, le trucage légal, la parodie d'emploi, n'importe quoi – *Oualouououououou* ! SAE, CQA, CES, CEC, CIE... Contrat emploi-solidarité, contrat initiative-emploi, contrat emploi consolidé à l'issue d'un contrat emploi-solidarité, contrat de qualification en alternance, contrat d'adaptation à l'emploi en alternance, stage d'accès à l'entreprise, stage d'insertion et de formation à l'emploi... Et quoi encore ? Bouffons ! Escrocs ! Fachos ! En arabe, on dit *oualou* : rien. Du vent.

Daniel, fou de rage, donnait des coups de pied dans le mur du bout de sa botte ferrée, il hurlait :

– J'en peux plus ! J'en peux plus ! Je vais me flinguer, putain, je vais... Ou, non, je fais comme

Human Bomb : des pains de dynamite à la ceinture, mais, moi, putain, je me laisserai pas charquer par les salopards du RAID, moi, je fais tout péter avant, putain ! et pas dans une maternelle à Neuilly, moi... À l'Élysée, moi !

– Déconne pas, petit frère, déconne pas ! Calme.

– Putain, les nœuds ! Farine, sel, amour, tomate, margarine !

Il n'entre pas non plus de margarine dans la recette des fameuses pizzas Speedzza. Si seulement ! Sur les bidons d'huile, il n'est pas indiqué huile, mais : *corps gras composite émulsionné à chaud – saveur « olive »* (entre guillemets, olive !). Les herbes et aromates sont de synthèse, le piment en aérosol. Le fromage se présente en briques blanches caoutchouteuses de deux kilos, sous plastique thermo-scellé. Le crabe est fait de déchets de poisson colorés à l'E 104 – *produce of Madagascar*. Et lorsque le patron a oublié d'arracher l'étiquette, on peut lire encore sur les conserves d'épaule désossée : *la réimportation dans un pays membre de la CEE est strictement interdite et punie par la loi.*

Embrouilles et magouilles de M. Beni, qui, comme Péquod, tire sur toutes les ficelles des mesures gouvernementales, profite du moindre avantage fiscal, de la moindre exonération des charges sociales, nous paie mal et moitié au noir, ne fait « pas un rond de bénef » – nous dit-il –, ne prend pour lui « pas plus d'une plaque par mois » – nous dit-il –, et roule en Porsche, et joue au golf à Marbella – ne nous dit-il pas. Mais il nous a dit aussi qu'il soutenait Chirac parce qu'il fallait « réduire la facture sociale » – il a bien dit : « la facture sociale ».

Il n'y a pas de margarine mais il n'y a pas non plus d'amour dans les pizzas Speedzza. L'équipe se venge comme elle peut : nous avons notre jargon à nous, qui dit bien ce que nous en pensons. Le pâton qui nous est livré surgelé par la centrale un jour sur deux, nous l'appelons la *feuille*. La pâte prête à être enfournée, la *beigne*. La garniture, c'est la *dégueule*. Les tomates pelées, la *chiasse*. Le fromage, *le foutre*. Le jambon, le *cul*.

– Putain ! veut pas de cul, je t'y ai dit, c'est un Feuj !

– L'avait qu'à prendre la Napoli, ce connard !

– Passe-moi la chiasse, merde, la chiasse, Mickey, je suis short !

– Ouah, l'autre ! T'as mis trop de foutre, tu ruines !

– La pouffe ! A se gratte ! Veut qu'on y rabe un chouïa d'anchois...

– Sur la promo ? Et ma bite, c'est bateul aussi ?

– Qu'est-ce j'y dis ?

– C'est la dégueule du jour ou plein pot, merde, a va pas nous casser les couilles !

– Madame, le gérant me confirme qu'on ne peut rien ajouter à la garniture sur les promotions du jour, je le regrette.

– Surtout que j'y connais, cette pouffe, avenue Junot ! A file pas un jonc, la salope ! C'est 98 balles, putain, a te file un faf de 100 et l'attend que tu y rends les deux balles, la salope ! Et deux codes, avec, et un inter, et genre au sixième cour escalier B, et un gros clebs de merde qui t'aboie sur, putain... Un chouïa d'anchois !

Le client qui emmerde, le client qui au téléphone hésite dix minutes entre la Baltic et l'Orientale, celui qui veut savoir si la merguez est vraiment casher certifiée par le Beth Din, celui qui commande une Regina pour deux sans champignons mais avec un supplément artichauts – 5 francs –, et les artichauts d'un seul côté de la pizza, s'il vous plaît, pas d'herbes de l'autre côté, s'il vous plaît, et les bières, la Kro, glacée, bouteille si vous avez, et l'autre, oui, la Corona, à température ambiante, vu ? Pinocchio lui ajoute gratis un condiment avant d'enfourner, la touche personnelle du pizzaïolo : un gros glaviot ou une morve. (Sache-le, lecteur, si tu avais encore envie de commander une pizza Speedzza !)

– Et une Regina-sup-artiches, une c'emballé !

Pinocchio et Gamal sont tour à tour au four. Mais, M. Beni y tient, le standardiste et les livreurs, entre trois et sept suivant le jour et l'heure, mettent la main à la pâte : il faut pétrir au fur à mesure du dégel – on dit « slapper la feuille ». Et puis garnir... Et sortir les boissons et les pots de crème glacée du congélo... Et remplir les cartons... Et les glisser dans les poches iso... Et les empiler dans le top-case – « la cantine ». Et repérer l'itinéraire sur le plan... Ne pas oublier la fiche avec l'adresse et le code... Enfiler le haut... Le casque... *Go !*

Voici le seul moment un peu grisant du job : à tac les manos, à donf la roue arrière et, tous les sens aux aguets, foncer dans la bourre, slalomer, épauler et bouler, tacler les tires, fumer les feux, niquer au cul les interdits, brouter les trottoirs, repérer les keufs qui épient, téter fissa sa queue quand ils sifflent, éviter les portières, gueuler contre tout ce qui bouge et, surtout, ce qui ne bouge pas :

– Putain, dégage, Ducon ! Le couloir, *halouf*, le couloir, merde ! Avance ! Putain, avance ! Il est vert ce rouge !

Coups de talon dans la caisse des tirecons qui nous font la guerre, queues de poisse aux mobeux de Pizza Chiotte... Poussée d'adrénaline... Cris du fauve en chasse... Ivresse du stress... Amok ! Je ne suis plus Paul Smaïl, DEA de littérature comparée sous la direction de Mme Danièle Casenave, Paris-X – *Herman Melville en France : traductions, éditions et fortune critique*... Je suis coursier chez Speedzza, et je pourrais tuer pour gagner trente secondes sur une livraison.

Vite garer et poser l'antivol, vite sortir les isos de la cantine, vite composer le code, vite monter à l'étage et sonner... Mais qui va ouvrir ? Un client correct, ou un excité ?

Les gens ne commandent pas forcément une pizza pour la pizza mais pour du fantasme, de la consolation, du lien social comme disent les psychosociochoses dans les baves télévisées. Méfiance, quand la commande se limite à une solo et une seule boisson : une plaquée en manque de mec, peut-être. Ou un pédé esseulé. Il avait envie, en fait, d'une Napoli avec supplément compagnie – 50 francs. Ce qu'une vieille folle m'a proposé, un soir, si je voulais bien le sucer vite fait à genoux, en gardant mon casque et mes gants. « Non, merci. Chez Speedzza, c'est pizza et basta ! Pour ça, voyez Pizza Chiotte, leur numéro est sur le minitel... » Mais j'affabule : je ne lui ai pas répondu, à ce radin ; je suis ressorti sans dire un mot, comme si je n'avais pas entendu, en claquant assez sec la porte, simplement. (Question de Daniel : « Et pour cinq cents balles, t'aurais dit oui ? Et pour cinq mille ? »)

L'hiver, ils te voient arriver transi, les joues à vif, ils t'offrent de te réchauffer. L'été, tu as mariné sous la combinaison en ciré, tu pues, ce qui les excite encore plus.

Il y a ceux qui t'ouvrent en peignoir, les cheveux mouillés et, comme par hasard, la cordelière du peignoir se dénoue au moment où ils te prennent le carton des mains. Ou bien, ils ont laissé leur portefeuille dans la chambre : si tu veux les suivre... !

Il y a ceux, et surtout celles, qui insistent à la commande pour se faire livrer par Bruno ; soit parce qu'il est blond aux yeux bleus – donc pas arbi –, soit parce qu'il est blond aux yeux bleus – très mimi –, soit parce qu'il n'a pas froid aux yeux – mais je dis cela sans savoir. Si c'est Gamal ou Taouif qui prennent l'appel, ils répondent invariablement que leur camarade n'est pas disponible. Si c'est moi, je m'en fous : je leur envoie Bruno.

Mais il y a aussi les bandes de copains déjà pétés raides au pastis, ou à la Kro, quand tu sonnes à la porte, et qui trouvent fin de te charrier : te demander si tu es le plombier, te planquer ton casque, prétendre qu'il y a une pizza en trop, à remporter, et puis se cotiser à dix pour parvenir péniblement au total, ou se lancer dans des calculs sordides, interminables, pour ne payer chacun que son dû : « Moi, j'ai une Atlantic, une demie rosé, un brownie... Ça fait 90... Toi, une Baltic, une demie rosé, un brownie... Ça fait 95 ! Cinq balles de plus, regarde le dépliant ! » Quand ils ne cassent pas les petits cochons tirelires des gosses pour te compter deux cent vingt pièces d'un franc ! On m'a fait le coup.

C'était une soirée karaoké, et un débile nu torse braillait dans le micro une chanson d'Aragon : *Est-ce ainsi que les hommes vivent ?*

Eh oui. Il y a aussi les clients qui n'ont jamais l'appoint mais ne veulent rien te laisser en plus. Il y a ceux qui oublient de signer le chèque, tiens, et si tu ne t'en es pas avisé tout de suite, tu peux toujours revenir sonner à la porte : *keutchi !* ils ne te rouvriront pas. Et puis, il y a ceux qui ont commandé une seule Napoli solo, et sont cinq autour de la table, et exigent un rab de serviettes papier, et te filent enfin, soupir, 20 centimes de pourboire. Et ceux qui t'ont fait poireauter un gros quart d'heure avant d'ouvrir parce qu'ils regardaient *Perdu de vue* et appellent ensuite le magasin pour se plaindre que leur Orientale était tiède. À tous les coups. À tous les coups !

Mais le pire pour le coursier, c'est les soirs de foot, les grands matchs : il est content de rouler easy dans les rues désertées, mais quand il arrive sur le spot, gare à ne pas sonner en pleine action offensive ou après que l'arbitre a sifflé un penalty ! Souvent, mieux vaut attendre la mi-temps pour déballer et encaisser. Daniel, une fois, s'est carrément fait entarter avec la Maxiquatrocheese qu'il livrait, fumante, à des supporters de l'OM bourrés à ne plus savoir leurs noms : le Bayern menait deux à zéro ! Et pas un gars chez Speedzza qui n'ait à raconter un incident tout aussi lourd dont il aura fait les frais, un soir de Coupe.

Il y a encore les fachos, qui te demandent si tu as une carte de séjour en règle, si tu n'es pas un clandestin, si tu es bien français. Et les paranos, qui refusent de te communiquer leur code et font les cent pas devant l'entrée de l'immeuble jusqu'à ce que tu te pointes. Ou ceux qui te donnent le code pour que tu puisses entrer dans l'immeuble mais te demandent, ensuite, derrière leur porte close, de poser les cartons sur le paillasson, surveillent tes gestes par l'œilleton, te glissent le chèque sous la porte, et attendent que tu sois dans l'ascenseur et que tu aies appuyé sur le bouton RdC, pour ouvrir furtivement, et récupérer leur commande.

– C'est l'Amérique ! ricane M. Beni, toujours très fier de faire savoir qu'il a vécu là-bas. Seulement, là-bas, pas de charges sociales et pas de salaire minimum ! La liberté totale ! Tu peux virer un employé en deux minutes, à coups de pied dans le cul ! Tu le payes ce que tu veux, au prix du marché ! Le mec qui veut bosser, il bosse ! Et si il bosse, il bouffe ! Autrement, il gicle ! Pas de cosse là-bas ! Parce que les licenciements : secs ! et pas de sécu obligatoire ! Chirac devrait faire pareil ici. Ici, les gens sont beaucoup trop insistés. C'est la prime à la mollesse...

(Tu l'as dit, bouffi ! Nous sommes trop insistés. D'où, la facture sociale.)

Mais je serais injuste si je n'ajoutais pas qu'on peut également rencontrer des clients civilisés, qui nous considèrent comme leurs prochains et non comme des esclaves, qui nous sourient et nous disent bonsoir, merci, voire : « Vous avez fait vite. » Ou, si nous arrivons trempés, dégoulinants : « Malheureux ! qu'est-ce qu'il flotte ! » Et laisseront dix à douze pour cent de pourboire, et ne claqueront pas la porte dans notre dos mais la refermeront tranquillement.

La moindre manifestation d'humanité peut nous bouleverser. On en parle au retour, devant les fours, et on en oublie notre langage ordurier :

– Le gamin me tirait la langue, mais sa mère lui a dit : « Excuse-toi ! Si ce monsieur n'était pas venu, tu n'aurais rien à manger ce soir... »

– Ouoh ?

Mais, pas d'attendrissement, il faut repartir :

– Pour la Comédie de Paris, rue Fontaine, deux Baltic, deux, deux Quatrocheese, une Bermuda-sup-double-cheese, une Orientale, une Napoli, un Calzone, plus : une Cuvée, une Évian, trois Kro, trois Corona, trois pots Pépites, un

Vanille-fraise, un brownie, deux bécanes, Mickey et Paul, *r'ajoulaïn*...

– *Labès.*

Courbé sur la mob, fendant l'air, s'imaginer au large, à l'aventure, vent debout, louvoyer au près, virer de bord, doubler le cap, haut le cacatois, grand pavois... Les voiles qui claquent... Les albatros dans le sillage... Le sel sur les lèvres... Le soleil dans les yeux... *Homme libre, toujours tu chériras la mer ! Je te salue, vieil océan ! Elle est retrouvée ! – Quoi ? – l'Éternité. L'azur ! L'azur ! L'azur ! L'azur ! Mais quand verrons-nous, mon frère, les verts rivages de la Terre promise ?*

– Vert ! Avance, tas de merde ! Ta lourde, le tirecons, putain, ta lourde ! Dégage ta caisse ! Accélère ! Et mon doigt, connard, mon doigt, où je te le mets ?

La dame qui avait commandé une Vegetariana avec supplément oignons-poivrons-brocolis – plus : 10 francs –, et une Cuvée rouge 75 cl – total : 98 francs –, m'a demandé si je pouvais l'aider à réparer la porte de son lave-vaisselle, qui venait de tomber. Elle n'allait pas appeler Darty pour si peu : si je voulais bien la lui tenir pendant qu'elle revisserait les gonds...

– Mais oui, Madame ! Ou le contraire : vous me la tenez, je vous la revisse. Je dois avoir plus de poigne que vous.

– Essuyez bien vos pieds ! Et, attendez ! je vous mets une serpillière. Il pleut, dehors ?

– Dehors, oui, madame, mais, dedans, non, c'est une chance !

Elle s'est pincé les lèvres, vexée, et m'a invité à entrer mais comme à regret. Son studio était tapissé de livres sur trois murs, du sol au plafond ; il y en avait jusque dans la cuisine ; j'ai soufflé comme si j'encaissais un direct à l'estomac :

– Hhhhhou ! Tous ces bouquins !

Un *Moby Dick* était coincé entre le pot de gros

sel et une boîte à thé. Pour faire mon intéressant, tout en revissant, j'ai dit, l'air de ne pas y toucher :

– Ah, dans la traduction de Giono, Lucien Jacques et Joan Smith... *Je m'appelle Ishmaël. Mettons...*

Gros effet : Mme Moriot m'a toisé, bouche bée, et s'est enquise de ce que je faisais dans la vie, à part livreur chez Speedzza. Elle avait entendu dire que les coursiers étaient souvent des étudiants mais, là, c'était la première fois que... Vraiment, elle n'aurait pas cru qu'un littéraire... Et si j'aimais autant bouquiner que je le prétendais, elle avait un job à me proposer : elle était libraire et cherchait un vendeur à temps partiel, le mercredi en nocturne, le samedi toute la journée et le dimanche matin jusqu'à une heure.

– Ce serait sans doute, pour vous, plus enrichissant intellectuellement que de livrer des pizzas...

(Paul Smaïl, à Paul Smaïl : Qu'est-ce qu'elle en sait ?)

Elle m'a tendu un signet de sa librairie, Les Livres sur la Butte : que je l'appelle demain à l'heure du déjeuner, pour elle l'affaire était conclue. Et puisqu'elle m'offrait du boulot, elle se sentait dispensée de m'offrir en plus un pourboire malgré le coup de main que je lui avais donné pour son lave-vaisselle : elle avait l'appoint, 98 francs – juste –, pas 100.

D'ailleurs, elle était contre les pourboires, elle était de gauche. Le pourboire est une pratique avilissante, qui perpétue la division de la société en classes et fausse les relations sociales. C'était pourquoi elle ne remplissait pas non plus dans les règles les feuilles de paie, ni ne respectait la loi qui oblige l'employeur à payer double les heures le dimanche. Nous ne devions pas la considérer comme une patronne mais comme notre amie. Et après tout, si nous n'étions pas chrétiens, le dimanche était pour nous un jour comme un autre, non ? Payer double lui aurait paru, à elle qui n'était pas croyante, et si peu conformiste, céder à une superstition ridicule. Travailler dans une librairie, n'était-ce pas suffisamment gratifiant ? Ne formions-nous pas une communauté unie dans le culte du livre ? La librairie n'est pas un commerce ordinaire. Libraire, ce n'est pas un métier, c'est une mission ! L'amour de la littérature, on a ça dans le sang ou pas ! Penser qu'il y avait eu des employés assez mesquins pour l'assigner devant les Prud'hommes ! Mais c'est qu'ils n'avaient pas la vocation.

Petites lunettes rondes cerclées de fer, coupe de cheveux au bol, pas la moindre trace de maquillage, pas un bijou, un chemisier blanc boutonné jusqu'au col et une jupe plissée bleu marine de cheftaine, Mme Moriot avait tout de la missionnaire, en effet. Salutiste, ou militante des Jeunesses communistes sous Ceauşescu... J'appris, le jour où elle m'engagea, que ses employés la surnommaient l'Abbesse.

Les Livres de la Butte étaient à son image : rigueur monacale, bois blanc et pierre brute, pas une fleur, pas une affiche – rien ne dépassait. Mme Moriot enlevait des livres les bandeaux et les jaquettes, pestait contre les couvertures illustrées. Elle les aurait arrachées, si elle avait pu. Et ne jurait que par les éditions de Minuit :

– Voilà des gens sérieux. Sobres.

Elle m'a présenté à mes collègues, Myriam, Laurent et Fabrice :

– Je suis très heureuse qu'un Maghrébin se joigne à nous. C'est pour notre librairie une ouverture sur le monde...

Myriam a levé vers moi un regard navré et m'a souri comme si elle devait s'excuser, elle, de l'indélicatesse de sa patronne. Laurent a grimacé en catimini, l'air de penser : décidément, elle n'en rate pas une ! Quant à Fabrice, je n'étais pas là depuis dix minutes qu'il a trouvé le moyen de me glisser à l'oreille, mine de rien, sans desserrer les dents :

– Quatre mois ! Personne n'a jamais tenu plus de quatre mois ici, autant te prévenir. Moi, je suis là depuis le 15 septembre et je sais que je serai viré à la première occasion, sans doute juste après les grosses ventes de Noël. Avec elle, ça finit toujours devant les Prud'hommes. Elle perd à tous les coups, mais elle s'en fout. C'est une fasciste. Elle se croit de gauche parce qu'elle va à toutes les manifs, mais c'est une fasciste. Et s'il n'y avait pas trois millions d'inscrits à l'ANPE, elle ne trouverait plus personne.

Le mépris que tous trois lui vouaient, mais aussi la terreur vague qu'elle leur inspirait étaient presque palpables, rendaient l'air irrespirable. En comparaison, l'atmosphère chez Speedzza me parut sereine quand j'y revins, le soir.

Mais si j'étais déçu, je ne pouvais m'en prendre qu'à moi. Car, d'emblée, j'aurais pu deviner à quoi m'attendre. Cela ne m'avait pas plu, ce ton pointu sur lequel elle m'avait dit : « Ce serait sans doute pour vous plus enrichissant intellectuellement que de livrer des pizzas... » Je n'avais, hélas, pas su écouter mon instinct.

Sa bonne conscience poisseuse, l'Abbesse ! Son maternalisme ! La gentillesse molletonnée faux derche avec laquelle elle s'adressait à son z'ami maghrébin... Comme l'épouse d'un colon aurait parlé au bicot qui lui taillait ses rosiers.

– Paul, Monsieur veut *L'Idiot*, en poche, vous saurez le trouver ?

– Oui, Madame, à la lettre D – littérature russe.

– Bien. Et si je vous demande *Le Grand Meaulnes*, Paul ?

– À A – romans français –, Madame. Alain-Fournier. On ne le range pas avec les F, Alain n'était pas son prénom. (Toc.)

– Bien. Bien. Mais vous pouvez m'appeler Jehanne, mon petit Paul...

Pas question. Son petit Paul, et puis quoi ? Garde tes distances, mon z'ami ! Un bras, comme dirait Monsieur Luis. Vu la bidouille sur le contrat de travail, et la tartine de confiture morale pour faire passer, pas de familiarité avec l'Abbesse ! Guerre totale ! *Djihad !* M. Beni, le roi de l'arnaque, ne défile pas derrière les banderoles du MRAP, ou de la LICRA, mais il traite mieux ses esclaves... Un peu moins mal, disons.

Je n'avais pas su écouter mon instinct, non : cette vieille fille habillée comme une bonne sœur, qui commandait une Vegetariana, avait l'appoint, et portait les lunettes de la SS (Sécurité sociale) ! Mais... ces livres ! Tous ces livres ! C'est à quoi j'ai pensé sur le coup. J'étais grisé. J'étais dans cet état d'excitation qui s'empare de moi dès que j'entre dans une librairie ou une bibliothèque. Ou quand je rends visite à M. Hamel, mon vieux prof de français, qui doit bien en posséder plusieurs milliers... Sauf que chez M. Hamel, je n'ose pas les toucher, les ouvrir, les feuilleter. Et à la bibliothèque, il faut consulter les fichiers et se contenter de deux ou trois titres, pas plus. Tandis que, là, j'étais comme un gamin qui s'entendrait dire chez le marchand de jouets : « Prends ce que tu veux ! »

Je ne m'en privais pas. Je prenais un roman sur une table ou un rayonnage, je l'ouvrais au hasard, je le feuilletais, je lisais les premières lignes, je parcourais une page ou deux... Je le reposais, j'en prenais un autre qui me paraissait plus intéressant, je me planquais derrière un pilier pour lire plus tranquillement, j'oubliais tout de suite que je me trouvais là pour vendre des livres, pas pour bouquiner. Mme Moriot me hélait :

– Paul !

– Deux secondes...

– Paul, il n'y a personne à la caisse.
– Deux secondes, je vous dis...
– Paul, mais Paul, qu'est-ce que vous faites ?
– Je lis, Madame.

Myriam, effarée, muette, tremblant pour moi, me conseillait, de ses grands yeux sombres, de courir m'excuser. Laurent et Fabrice pouffaient dans leurs paumes, tenant mon inconscience pour une insolence qu'ils n'auraient jamais osé avoir. Ils me regardaient comme un desperado qui, dans la seconde qui suit, allait sauter avec sa bombe au milieu des Livres de la Butte – la vitrine volait en éclats, le plafond s'écroulait, les piliers vacillaient... Mais non. Doucereuse, infiniment patiente et compréhensive, Mme Moriot expliquait alors à son brave bicot que c'était une bonne chose que de lire, mais, par pitié, par amitié pour elle, en dehors des heures de travail.

– Venez, Paul, je veux vous montrer comment on remplit les fiches vertes pour le réassort.

Tout en cornant ma page, je me suis entendu marmonner :

– *I would prefer no to.*
– Que dites-vous ?

Je lui répondais ce que répond Bartleby, dans la nouvelle de Melville : Je préférerais ne pas.

Mais pourquoi ce comportement suicidaire ? Car je savais que je courais à ma perte, je savais que le prochain incident, ou le suivant, me serait fatal : le combat de trop, comme disent les boxeurs. J'étais à l'essai : un mot de plus, et l'Abbesse chasserait ce sale bicot qui n'avait pas voulu se plier à la discipline qu'elle exigeait de son personnel. Elle le chasserait avec autant de dureté qu'elle avait mis de bonté à le recueillir et l'inciter à s'enrichir intellectuellement... Un livreur de pizzas ! Mais ces Arabes ! Rien à en tirer ! D'une arrogance ! Et d'une paresse !

Aucune illusion. J'imaginais la scène de mon renvoi, je m'entendais lui hurler des atrocités, lui sortir tout ce que j'avais sur le cœur. J'en jouissais d'avance. C'était comme si j'avais subi des années de peur et d'humiliations à son service, et dont je me vengeais enfin. Alors que cela ne faisait pas trois semaines que j'étais engagé à la Butte, et pour seize heures par semaine seulement.

Je n'aurais pas dû la provoquer ainsi, je le savais, mais je ne pouvais pas m'en empêcher. C'était plus fort que moi. Le besoin, je crois, de m'affirmer, quitte à passer pour fou. Une envie puérile, mais irrésistible, de jouer au caïd pour impressionner mes collègues. Myriam, surtout.

Pourtant, je n'étais pas, non, non, je n'étais pas amoureux de Myriam. Non. D'ailleurs, le coup de foudre n'existe pas dans la réalité. C'est une invention de romancier – de mauvais romancier, à l'eau de rose. Et puis Myriam n'était vraiment pas mon genre. Non. Puisque je n'aimais que les blondes aux yeux bleus, avec de gros seins et un petit nez, les vraies blondes à la peau claire, les shéksés comme on les fantasme quand on est natif du Sentier... Ou de Barbès. Non, je ne pouvais pas tomber amoureux de Myriam. Myriam était très brune, la peau mate, de grands yeux noirs, peu de poitrine, et un nez... *Hafif*, Paul !

Mais si j'interrompais ma lecture un instant, c'était pour la chercher du regard, c'était pour l'observer à son insu – ses grands yeux sombres, son sourire ironique et timide à la fois, son long cou, ses mains si fines, sa voix si douce, sa manière de poser la joue au creux de son épaule, de relever la masse de ses longs cheveux noirs au-dessus de l'oreille pour les laisser mollement retomber... À la fin, entre Nabokov et Myriam, Myriam l'emportait : je refermais *La Transparence des choses*, je reposais le poche sur le présentoir, je me rapprochais d'elle.

– Je peux vous aider ?

– On peut se tutoyer, Paul.

– Si vous voulez.

Un client cherchait un roman dont il avait entendu parler la veille à la télé, il ne savait plus dans quelle émission, ni d'ailleurs si ce n'était pas l'avant-veille. Ou bien à la radio. Il ne se souvenait plus du nom de l'auteur, ni du titre exact, il se souvenait seulement qu'il y avait dans le titre le mot *cœur*, il en était certain.

– *L'Arrache-cœur* ?

– Non.

– *L'Attrape-cœur* ?

– Non.

– *Le cœur est un chasseur solitaire* ?

– Non non. Ça me revient : c'est une histoire de marins. Ça se passe au Havre.

– *Querelle de Brest* ?

– Voilà !

Fous rires tout juste réprimés, clins d'œil complices, Myriam et moi. Mais d'où vient que je suis soudain si ému ?

Quand le client est ressorti, elle me murmure en veillant que Mme Moriot ne puisse l'entendre :

– Et c'est comme ça toute la journée ! Hier, une dame voulait pour son filleul un roman de Victor Hugo, qui se passe en Espagne, l'histoire d'un chevalier fou...

– *Don Quichotte ?*

– Perdu ! *Monte-Cristo.*

– Je n'y arriverai pas. J'abandonne. Et comme la patronne me...

– Non non, je t'en prie ! Restez ! Faites un effort !

C'était le cri du cœur, et ce tutoiement spontané suivi d'un retour précipité au vouvoiement en disait plus qu'elle n'aurait voulu. Myriam a rougi jusqu'au blanc des yeux. Mais moi, *hrala*, au lieu de me sentir pousser des ailes, au lieu d'essayer de lui plaire en faisant un effort, en effet, j'aggravai alors mon cas. L'opacité des choses ! Je me montrais encore plus agressif envers Mme Moriot. Et, avec les clients, d'une froideur qui frisait l'impolitesse. Curieuse manière de chercher à séduire !

Mais c'est que je ressassais un sentiment d'impuissance : jamais je ne saurai comment m'y prendre pour raccompagner Myriam au métro, après le travail, l'air de rien ; jamais je n'oserai lui offrir un café ; jamais je n'oserai lui avouer que... Que quoi ?

J'étais désarmé. Je me trouvais affreux, affreusement gauche. Je me disais que si par hasard elle apprenait que je boxais, elle me jugerait infréquentable. Trop brut pour elle, pas assez civilisé. J'avais beau passer rue Ordener prendre un bain avant de me rendre à la librairie les samedis et dimanches matin, j'avais beau me savonner et me doucher plus longtemps que d'ordinaire, le mercredi, après ma leçon chez Monsieur Luis, j'avais toujours l'impression que je puais, que j'étais imprégné de toute la sueur de la salle et de toute la graille de Speedzza. Je sentais Barbès. J'étais un pauvre crouille et, Myriam Fink, une princesse juive.

Et voici que, pour tout arranger, l'Abbesse lui dit :

– Vous savez comment j'ai recruté Paul, Myriam ? J'avais commandé une pizza, c'est lui qui me l'a livrée. Et il a eu la gentillesse de me réparer la porte de mon lave-vaisselle...

Je la tuerais, je la tuerais, je la tuerais... Je la tuerai. Le cutter avec quoi on éventre les cartons de livres... Voilà. Au cutter ! L'arme du Beur ! Au cutter ! Le coup du Rifain : viser la carotide *– hra !*

Elle me tend un livre de Driss Chraïbi, *Le Passé simple*, et *Le Pain nu*, de Mohamed Choukri.

– Tenez ! me dit-elle, ça devrait vous intéresser.

Je ne lui réponds pas, à proprement parler, je ne lui dis pas que j'ai lu l'un et l'autre, j'aboie :

– Ah bon ? Et pourquoi ça ?

Décontenancée, elle bat en retraite. De toute manière, il faut qu'elle y aille : le samedi, à l'heure du déjeuner, elle nous abandonne deux petites heures la librairie pour se rendre à son cours de yoga transcendantal.

– Je file. Soyez sages !

Aussitôt, son personnel s'égaie. C'est un peu comme à l'école, quand sonnait la récré. Laurent sifflote, Fabrice plaisante avec des habitués de la librairie qui feuillettent les nouveautés. Moi, je me sens soudain plein de zèle. Et je ne suis plus du tout intimidé par la clientèle. À un gamin qui me demande *Le Petit Prince*, je dis :

– Non, attends ! Tu as quoi ? 50 francs ? Je peux te conseiller autre chose ? C'est cucul, *Le Petit Prince*. Tu as lu *L'Ile au trésor* ? Prends plutôt *L'Ile au trésor !*

À un type que j'ai vu garer devant la vitrine son coupé BMW, et que j'entends maintenant s'offusquer qu'un roman de cinq cents pages puisse coûter 129 francs :

– Si je ne suis pas indiscret, combien vous avez payé votre voiture, Monsieur ?

Et à une dame qui s'étonne de ne pas trouver le dernier titre paru de Nadine de Rothschild :

– C'est une librairie, ici, Madame ! Vous trouverez des toilettes au Funiculaire.

Laurent se retourne vers un pilier pour rire plus à son aise. Fabrice me met en garde cependant :

– Fais gaffe ! Sois pas si grossier avec les gens ! Il y en a qui reviennent ensuite pour cafter à la patronne.

Myriam l'approuve des yeux.

Je lève les mains au ciel, fataliste : qu'ils viennent cafter ! *Hamdou l'lah' !*

Mais nous n'avons pas vu tourner les heures : nous sommes tous là à rigoler comme des bossus d'une blague que nous a racontée un vieil original du quartier qui passe ses journées à bouquiner aux Livres de la Butte, lorsque l'Abbesse pousse la porte. Le yoga transcendantal ne mène pas à la sérénité, apparemment :

– Eh bien ! s'écrie-t-elle avec hargne, on a l'air de s'amuser quand je ne suis pas là ! Et pendant ce temps, il y a ce paquet Hachette qui traîne là depuis deux jours, au moins deux jours ! et que vous n'avez toujours pas ouvert !

Elle s'empare du cutter, le plante rageusement dans la bande adhésive qui scelle le carton. La lame crisse, et lacère les couvertures des livres du dessus. Elle m'en tend un : *La Malédiction*, de Rachid Mimouni.

– Pour vous, Paul.

Hors de moi, je lui crie :

– Parce que c'est un raton, lui aussi ? Parce que c'est un melon ? J'en ai ma claque de votre connerie, putain ! Vous me faites chier ! Parce que alors, quoi ? les ratons ne devraient lire que des bouquins de ratons, selon vous ? Proust, c'est seulement pour les pédés, alors ? Et Melville, aussi ? Et Virginia Woolf, pour les gousses ? Et les Bretons, alors, il faut qu'ils lisent Chateaubriand ? Les Russes, Tolstoï ? Mais pas Dickens, hein, Dickens c'est pour les Anglais ! Il était anglais, Dickens. Un raton peut pas lire Dickens ! C'est ça que vous voulez, hein ? Chacun chez soi ! Les Serbes avec les Serbes, les Croates avec les Croates, et les autres derrière des barbelés ! Qu'est-ce que j'en ai à foutre de la littérature arabe ? Pour moi, il y a les bons livres et les mauvais – point. Mais vous, vous pouvez pas oublier deux secondes que je suis d'origine... C'est une obsession chez vous ! Mais je suis français, hein ! Comme vous. Ni plus ni moins. Français par filiation, si vous voulez savoir. Vous voulez voir mes papiers ? La seule différence entre nous, la seule différence c'est que les flics me les demandent plus souvent qu'à vous ! *La Malédiction* ! Non, putain, j'y crois pas ! *La Malédiction* ! Connasse ! Notre malédiction, c'est les gens comme vous. C'est les gens comme vous qui nous amènent Le Pen ! C'est pas tant les méchants petits fachos de banlieue, c'est les gens comme vous, antiracistes et tout, soi-disant. Les connasses dans votre genre... Je vous emmerde ! Je vous emmerde ! Je me casse ! Faute professionnelle grave : j'ai traité la patronne de connasse ! Je répète : de connasse ! Ah ! et vous pouvez me fouiller au corps, aussi, si vous voulez. J'ai pas piqué dans la caisse. J'aurais dû : les ratons, ils piquent dans la caisse, c'est bien connu ! Les ratons, ils piquent dans la caisse et, le soir, avant de s'endormir, ils lisent du Mimouni ! *La Malédiction* ! Ils s'enrichissent intellectuellement !

L'Abbesse, le cutter à la main, ne répliquait toujours pas, elle semblait tétanisée. Laurent et Fabrice ne disaient rien non plus, n'osant pas intervenir. Myriam était au bord des larmes. Quant aux clients, ils s'étaient tous précipités vers la sortie – l'un d'eux en profitant pour voler : le mouchard a bipé.

Aussi calmement que possible, j'ai traversé le magasin pour reprendre dans la réserve mon sac à dos et mon blouson. Si, au passage, j'ai renversé une pile de *Que sais-je ?* je jure ne pas l'avoir fait exprès. D'ailleurs, je les ai ramassés.

En sortant, j'ai ostensiblement tiré la fermeture éclair de mon sac pour le présenter grand ouvert à mon ex-patronne, comme si elle m'avait accusé de vol... Malaise ! Satisfaisant malaise.

Et dehors, à des clients curieux qui avaient observé la suite de la scène à travers la vitrine, j'ai dit aimablement :

– Vous pouvez rentrer. C'est terminé.

Fin de ma courte expérience en librairie.

Myriam.

J'ai écrit son nom en haut d'une page de mon bloc et, tout de suite après, tourné la page. Impossible de poursuivre. La peur. Ce qui s'appelle refuser le combat, si écrire c'est se battre. Mais n'y a-t-il pas un peu de ça ? Tous les boxeurs vous diront que le plus dur, à la boxe, est d'affronter de nouveau un adversaire contre qui on a perdu la dernière fois. Entrer dans le match sans se laisser submerger par le mauvais souvenir des coups, ou le souvenir des mauvais coups, sans revivre la défaite ni chercher de réparation, sans ressentiment aucun. Neuf, en somme. Innocent.

Mais comment dire ce que fut notre amour sans raviver les émotions, sans reposer douloureusement toutes les questions qui se sont posées, sans trop souffrir en évoquant le bonheur perdu maintenant que tout est fini entre nous ? que tout est fini mais que rien n'est fini. Le mot fin n'a jamais été prononcé.

J'ai aimé Myriam, Myriam m'a aimé. Elle m'a

quitté... Mais n'est-ce pas moi qui ai tout fait pour qu'elle me quitte ?

Nous nous sommes quittés. Et nous nous sommes bien quittés : haut les cœurs. Sans violence, sans cruauté inutile, sans chercher à nous blesser, sans nous dire de ces mots qu'on regrette, après.

Myriam m'a seulement demandé de lui laisser un peu de temps :

– Je veux réfléchir, Paul.

– Oui.

– Je te rappellerai quand...

– Oui ?

– Je te rappellerai. Laisse-moi un peu de temps.

Est-ce qu'un amour est fini lorsqu'un des deux demande à réfléchir ?

Myriam ne m'a pas rappelé. Pas encore. Mais rien ne dit qu'elle ne me rappellera pas un jour.

Qu'est-ce que je ferai alors ? Est-ce que je lui dirai que je l'aime toujours ?

Oui, sans doute. Puisque je l'aime toujours.

Et que répondra-t-elle ?

Ce qu'elle m'a répondu la première fois où j'ai osé lui dire « Je t'aime... »?

Rien. Mais elle a mimé une grande envolée de violons, et embouché une invisible trompette, et entonné une espèce de *Marseillaise* : « Pa-la-pa-lam-pa-la-pa-la-pam-pam-pa-la-pa-la-pam-pa-la-lam... !» Et esquissé un pas de valse sur le trottoir en tournant autour de moi...

Et puis elle m'a embrassé.

Page suivante du bloc, ceci :

Du plus loin que je me souvienne, j'ai toujours aimé les mots.

J'avais pensé, un moment, commencer par ces mots. Mais je les ai, depuis, impitoyablement biffés : pompeux, prétentieux – comme aurait sans doute noté dans la marge M. Hamel. On passe vite pour ramenard dès qu'on parle de ça. Dire son amour des mots, énumérer ses lectures semble presque plus impudique que de se vanter de ses exploits sexuels, réels ou imaginaires. « Putain, Paulou, le pueur ! tu vas pas me faire avaler que tu t'es tassé tous ces bouquins, ouoh, putain, je te crois pas, mec, tu vannes ! »

Puisque j'ai pris le risque de me confesser, il faut bien cependant que j'évoque en passant cette maladie honteuse que j'ai contractée dans l'enfance : la passion de la lecture.

Qui m'a inoculé le virus ? Mon père, assurément. Il lisait beaucoup. Des livres d'histoire, surtout, les découvertes, la colonisation, la civilisation arabe, la vie des grands hommes, les rois de France, Napoléon, de Gaulle... Les livres étaient sacrés pour lui. Avec quel respect religieux il les maniait ! Il en empruntait régulièrement à la bibliothèque de la SNCF : alors que les couvertures étaient déjà plastifiées, son premier geste, en rentrant à la maison, était pour les recouvrir de papier cristal. Il vivait dans la crainte que ses fils les lui tachent ou les lui égarent, et qu'il ne puisse pas les rendre à la date échue. Quand il découvrait que le volume emprunté avait été sali ou malmené par un précédent lecteur, il était furieux : la pensée qu'on puisse l'accuser, lui, d'avoir commis ce forfait le tourmentait. Et, plus encore, qu'un de ses collègues se soit rendu coupable d'une pareille barbarie – « Quelqu'un qui travaille à la SNCF ! » Alors, il essayait de réparer les dégâts, lissait les pages froissées et recollait les cahiers débrochés, gommait les notes dans la marge et les marques de doigts gras. Comme pour nous inculquer l'idée qu'il y a de l'humain dans les livres, il disait : « Ce pauvre bouquin a été torturé. » Torturé.

Nous devions nous laver les mains avant de les ouvrir et, pour éviter de les tacher, il était interdit de lire à la cuisine. Je crois que mon père n'a jamais corné une page de sa vie, posé un livre ouvert retourné, ni souligné un mot, fût-ce au crayon. Même les poches qu'il achetait, il les recouvrait. Il n'était pas croyant, n'observait aucun des rites si ce n'est s'abstenir de manger du porc, mais les signets pour marquer ses pages, il les achetait au petit bazar de la mosquée : de ces signets de cuir où le nom du

Prophète est gravé en or. Le moindre poche était aussi sacré que le Coran.

Et la plus grosse fessée qu'ait jamais reçue mon frère, à quatre, cinq ans, fut pour avoir déchiré un atlas. Je dessinais déjà mes îles au trésor, je coloriais la terre en rose ou en jaune, la mer en bleu, je traçais une croix à l'emplacement où les pirates avaient enfoui le coffre... Daniel avait voulu faire mieux, j'imagine, en s'emparant de pays entiers, de continents !

Du plus loin que je me souvienne... j'ai su lire. À trois ans, si j'en crois Maman, assis sur les genoux de mon père, je faisais semblant de déchiffrer : ces petites choses qui se tortillaient noir sur blanc me fascinaient. Puis je lui ai demandé de m'apprendre. Et, assez vite, j'ai voulu des « livres de grandes personnes ». Je comprenais ou ne comprenais pas ce que je lisais, mais j'ai rarement abandonné un livre parce qu'il m'ennuyait, qu'il était trop ardu pour moi. Je préférais encore m'ennuyer et le terminer. J'y mettais un point d'honneur. Bizarrerie qui me faisait passer pour puant auprès des potes de la tour.

– Paulou, tu viens ? on se fait un skate.

– Non, attends ! j'ai pas fini mon bouquin.

– *M' dereh !* J'ai pas fini mon bouquin !

L'achat des livres était toute une affaire. Maman comme sa sœur Zaïa ne seraient jamais entrées dans une librairie, et mon père n'y entrait pas si volontiers : il s'y trouvait mal à l'aise ; il se sentait moins intimidé d'emprunter à la bibliothèque. J'étais un peu comme lui. Et peut-être ai-je voulu inconsciemment me venger d'années de frustrations lorsque j'ai injurié l'Abbesse : elle était une libraire, elle était toutes les libraires. Peut-être ai-je voulu laver une offense : elle était, elle ou une autre, la libraire à qui mon père avait demandé, pour moi, *Dominique*, de Herman Melville, et qui lui avait répondu en ricanant :

– Vous voulez dire *Moby Dick*, je suppose ! *Dominique*, c'est de Fromentin. De toute façon, si c'est pour ce minot-là, il n'a pas l'âge. Prenez-lui plutôt *Le Petit Prince*...

(Ce minot-là !)

Quelques jours avant Noël, ou mon anniversaire, je dressais la liste des livres dont j'avais envie, je la donnais à Maman, qui la passait à ma tante, qui la passait à son beau-frère, Mohamed : Mohamed, lui, n'avait aucune réticence à entrer dans une librairie. Ni, d'ailleurs, où que ce soit. Il est le fort en gueule de la famille. Son attitude dans la vie se résume en une formule qu'il clame à tout bout de champ : « Faut pas qu'on m'emmerde ! »

Mais c'était comme s'il m'avait procuré, par l'entremise de Zaïa, quelque chose d'interdit – ma drogue. Et ce rite ajoutait encore un peu de magie aux livres qu'on m'offrait, augmentant d'autant mon plaisir.

Mes professeurs, aussi, se demandaient parfois si je n'affabulais pas quand je disais avoir lu ceci ou cela.

Mme Paulet, dite Paulette :

– Eh bien, Smaïl, viens donc au tableau nous narrer l'histoire !

Mais je détestais ça. C'était l'assurance de me faire vanner.

– Ouais ! L'Erreur, narre-nous ! Narre-nous !

N'aurait-elle pas pu, au moins, me demander simplement de *raconter*, l'impitoyable Paulette ? Mais ce mot : *narrer* ! Comme un fait exprès pour me ridiculiser un peu plus.

Je narrais, donc. Là encore, l'honneur était en jeu.

Comme j'ai aimé M. Hamel, mon prof de français en troisième, qui, lui, nous disait que la lecture était au contraire une affaire personnelle, privée, et qu'un roman ne se racontait pas : il se lisait !

– L'histoire n'est rien, mais la manière dont elle est racontée. Et le seul à bien la raconter, c'est l'auteur.

Il ne m'appelait pas au tableau pour *narrer*. Mais, sachant ma ferveur pour la lecture, il avait écrit à mes parents que je pouvais venir lire chez lui le mercredi après-midi, si je voulais.

Si je voulais ! Quelle question ! Et mon étonnement, à ma première visite... Comment j'ai narré la chose dans la cour, le lendemain, pendant l'interclasse :

– Hamel, il a pas la télé !

– Ouaouh, Paulou, sans déc' ?

– J'ai été chez lui. Il a pas la télé ! Il a que des bouquins.

– Ouaouh, putain, l'enfoiré !

M. Hamel (prononcer Hamel, pas *H'ramel*, c'est un nom alsacien), M. Hamel était veuf, à un an ou deux de la retraite. Sa fille vivait en Amérique, son fils en Afrique. Il m'appelait – mais je n'ai aucune raison d'écrire ceci à l'imparfait : je lui rends visite de temps à autre, et il continue de m'appeler – « mon garçon ».

– Comment vas-tu, mon garçon ? Que deviens-tu, mon garçon ?

Il m'accueille par ces mots, et fait taire son chien Nestor, qui aboie à la mort avant même mon coup de sonnette, dès qu'il entend claquer la porte de l'ascenseur. M. Hamel habite boulevard Ornano, un immeuble mastoc, en briques rouges, des années 40, dans un de ces ensembles qui donneront à penser aux archéologues des siècles futurs que Staline a exercé aussi sa dictature en France – la remarque n'est pas de moi mais de lui. Le peu que j'ai appris d'histoire contemporaine, je ne le tiens pas de mes profs d'histoire, mais de M. Hamel. Les mensonges de l'histoire officielle, les falsifications, le silence sur les crimes de la police parisienne pendant la guerre d'Algérie... Ce qui s'est passé la terrible nuit du 17 octobre 1961, la nuit du pogrom des Arabes à Paris, la nuit où a été tué avec plus de cent autres ratonnés mon oncle Mehdi. Ce qu'on peut en savoir, du moins. Si on veut savoir, du moins.

– On a retrouvé son cadavre dans la Seine, à Conflans, le 21, je crois, ou le 22... Ma tante Zaïa a cru devenir folle. Depuis quatre ou cinq jours qu'elle était sans nouvelles de lui ! qu'elle ne savait pas s'il avait été arrêté ou assassiné... Il ne manifestait pas quand ils l'ont tué, elle en est sûre. Il allait à son boulot : il était machiniste à l'Olympia. Il avait un permis pour circuler après le couvre-feu. D'ailleurs, il n'était pas algérien.

– Ce jour-là, mon garçon, il suffisait d'avoir la peau un peu mate et les cheveux frisés...

– Comme moi.

– Comme toi, mon garçon.

J'appréciais que M. Hamel, tout en me disant « mon garçon », me parle « comme à un homme ». Sans chercher à me peindre en rose les choses de la vie... Mais il m'offrait d'affreuses gaufrettes à la vanille que je détestais mais n'osais pas refuser, et de la grenadine, qu'il dosait n'importe comment, versant parfois beaucoup trop de sirop, parfois pas assez. Et lorsque je lui apportais des douceurs confectionnées par Zaïa, il posait le paquet sur un rayonnage de l'entrée, où il l'oubliait, parfois jusqu'au mercredi suivant.

L'appartement est sombre, et mal tenu : des vitres sales, des abat-jour de travers, des ampoules grillées jamais changées, des cendriers débordants, des bouteilles vides un peu partout, du poil de chien, du tabac, de la poussière, de la tristesse... Mais mon bonheur, quand j'entrais dans cet antre des livres ! Ce sentiment exaltant d'aborder aux terres inconnues de la connaissance.

Tout en me parlant, M. Hamel se sert et se ressert de vin rouge. J'ai mis longtemps à comprendre qu'il était alcoolique : pour moi, un alcoolique – un alcoolo –, c'est un clodo couché sur un banc et qui braille des horreurs. Mais, lui, tout en tirant sur sa clope maïs, tout en époussetant sans cesse, mais en vain, les cendres et les brins de tabac qui constellent son vieux pull gris tricoté main, il continue de discuter tranquillement. Et plus il a bu, plus il me semble profond.

Lui seul a su trouver les mots à me dire quand mon père est mort. Ou lorsque je lui parlais de Daniel, de mon inquiétude pour Daniel. Ou de Myriam. Parfois, il m'interrompt :

– Attends, mon garçon !

Et il prend alors un livre, tourne les pages, tombe très vite sur ce qu'il cherchait... Tout est dans la littérature. Tout a été dit. Il y a toujours, dans un livre ou un autre, une allusion à ce qui t'arrive, la preuve que d'autres ont souffert ce que tu souffres ; que tu n'es pas seul au monde. Il y a toujours, dans un livre ou un autre, comme une consolation.

J'avais quoi... ? Quinze ans ? Seize ? Un jour où j'arrivais très tard chez lui, et hors de moi parce qu'une fois de plus des keufs m'avaient demandé mes papiers, et conduit au commissariat sans prévenir mes parents, et fouillé, et tutoyé, et traité d'enculé et de crouillat, et menacé d'un toucher rectal si je me rebiffais

– pour rien, sans autre motif que le plaisir d'embrenner du bougnoule ! soi-disant je ressemblais à un jeune dealer qui trafiquait dans le quartier et dont on venait de leur donner le signalement ; mais pour les flics, tous les Beurs, tous ! ressemblent à tous les dealers signalés, de quelque race, blanche, jaune ou noire, qu'ils soient signalés ! quels que soient la taille, la morphologie, l'âge, et les signes particuliers signalés ! – M. Hamel a pris, dans les œuvres complètes de Shakespeare, le tome contenant *Le Marchand de Venise*, et m'a lu la tirade de Shylock, traduisant au fur à mesure :

– « *If you prick us, do we not bleed ?* Si vous nous piquez, est-ce que nous ne saignons pas ? *If you poison us, do we not die ?* Si vous nous empoisonnez, est-ce que nous ne mourons pas ? *And if you wrong us, shall we not revenge ? If we are like you in the rest, we will resemble you in that*... Et si vous nous faites du tort, est-ce que nous ne nous vengerons pas ? Si nous sommes comme vous pour le reste, nous vous ressemblerons aussi en cela... »

Je revenais très fier de chez M. Hamel, le cœur plein d'enthousiasme, imbu du sentiment que j'étais beaucoup plus intelligent que trois heures auparavant. Il n'aurait pas fallu que des keufs me poissent alors ! Je leur aurais déclamé du Shakespeare ! « *If you wrong us, shall we not revenge ?* »

Et plus tard, couché, avant d'éteindre je hélais

mon gabier de quart juché sur la vergue de misaine, là-haut :

– Tu dors, Queequeg ?

– Non, pas encore.

– Tu sais ce que m'a dit M. Hamel ?

J'essayais alors de citer des propos qu'il m'avait tenus, mais je m'embrouillais vite. Daniel marmonnait complaisamment de vagues « Mmmmm... Mmmm... Mmm... »

Puis je devinais qu'il s'était endormi. Le sommeil me gagnait aussi. L'ancre était levée pour le pays des rêves. M. Hamel versait de la grenadine sur le tapis, nous pataugions dans le sirop jusqu'aux chevilles, tout était mou, gluant et cendreux à la fois, on sonnait à la porte, Nestor aboyait. Des flics, sur le palier, disaient qu'ils venaient chercher le jeune Smaïl, Paul, pour un contrôle d'identité.

Myriam – j'y reviens.

Non, la suite dans un instant : voici que j'entends des hurlements avinés, des insultes et des menaces proférées dans je ne sais quelle langue scandinave hérissée de h et de k... Déboule de l'escalier comme une seule masse de chair et de cris, le couple à qui j'avais donné la numéro 12, un gros lard blond haut d'environ deux mètres, et, plus haut encore, à cause de ses talons hauts, sa compagne – un travelo, j'en suis certain, et qu'il aura emmené avec lui de ses brumes du Nord : elle, si je puis dire, lui répond dans sa langue. Ils se tabassent, ils roulent par terre, et c'est elle qui a le dessus. Je me suis précipité pour m'interposer, avec la première arme que j'avais sous la main : le schrill. Je fais pour les calmer :

– *Stop it ! or I call Polizei !*

Pourquoi en allemand, *Polizei* ? Dieu sait. J'ai dû me dire que ça les calmerait plus sûrement. Et peut-être qu'en suédois, ou en norvégien, *police* se dit *Polizei*... Je répète :

– *Polizei !*

Mais rien n'y fait, et j'appuie donc sur le poussoir du schrill, censé émettre des ultrasons insupportables... Nib. J'appuie plus fort : nib. Péquod m'a équipé avec du matériel avarié.

Je me laisse tomber sur les deux hommes pour les séparer, elle me flanque un violent coup de coude dans les... Ah ! douleur fulgurante ! Voilà qui m'apprendra à ne pas porter de coquille hors du ring : les vrais vigiles d'intervention, les rosebuds très exposés, les durs de la SS, comme Farid, ou Samir-le-lourd, n'oublient pas de se protéger là, eux. (SS : Security Service.)

L'homme du couple a la bouche en sang, la femme s'acharne sur lui, avec pour arme une de ses chaussures rouges à talons hauts. Je rampe vers le comptoir – la matraque, le spray. Je me relève, je me rue sur eux et les asperge d'orthochlorobenzal. Ils se mettent à pleurer, à tousser, à suffoquer, et cessent enfin de se taper dessus – pour reprendre souffle.

Je pleure aussi. Et c'est alors que surgit, furibond, Péquod, une manche de son perfecto déchirée – son superbe perfecto de skaï blanc gaufré façon reptile, à gros zips dorés. Et, lui aussi, de pleurer ! de tousser ! Les vapeurs de l'*aérosol inhibiteur*... (C'est ce qui est écrit sur la bombe.)

Sur le coup, je ne comprends pas un mot de ce qu'il me crie : qu'il faut que je vienne avec lui corriger un trave qui l'a agressé... (Lui aussi ?)

– Qu'est-ce y foutent là, ceux-là ? fait-il, en désignant les Scandinaves neutralisés.

Il n'attend pas que je lui réponde. Encore sous le choc de ce qu'il a subi à l'instant, il répète :

– Je garais ma Cherokee sur le trottoir aux mammouths, et ce vieux trave de merde y m'ouvre la portière et, paf ! y m'opinèle mon... T'as vu ? La salope ! La salope ! Soit dit que j'y aurais touché avec mon rétro ! Ses nibes en caoutchouc, ouais ! Putain, tu viens avec moi ! Je veux y laisser un souvenir à cette...

Je lui objecte que – primo – je ne peux pas abandonner mon poste après ce qui vient de se passer, et que – deuzio –, à deux contre la bande des mammouths qui tapine un peu plus haut, nous avons peu de chances de nous en tirer, sauf à y aller avec des feux – mais ce n'était pas prévu dans mon contrat de travail.

– J'ai été engagé comme gardien de nuit au *Modern'*, dis-je, pas comme porte-flingue.

– Tu... tu... tu...

Péquod en bégaie, il s'étrangle, il porte la main à son cœur, je crains soudain qu'il ne succombe à un infarctus... Un nouvel incident le sauve, et me sauve : le trave scandinave a poussé dans l'ascenseur son homme blessé, lui prodiguant maintenant mamours et mots doux, quand, par erreur, ou pour nous emmerder un peu plus, il déclenche dans la cabine l'alarme.

Les pompiers seront là dans trois, quatre minutes. Péquod se précipite pour désarmer le tu-tut et me lance :

– Fais le 18 et décommande-les !

Le 18 sonne occupé.

Un client anglais en nuisette de mousseline

rose ras-la-raie, rouge comme un steak bleu, ivre de peur, dévale l'escalier...

– *Fire !*

Suivi d'une toutou en combinaison de stretch panthère.

Moi :

– *No, it's nothing ! False alarm !* Euh... *Wrong alarm ! Quiet !*

La toutou :

– *Quiet !* on te dit ! *Th'is no fire !*

Le téléphone sonne.

Péquod :

– Réponds, Paul !

– Oui ?

– PC 1er GRPT Montmartre...

– Ah ! merci, non, c'est une fausse alerte ! ne venez pas ! une erreur, un mec bourré qui a... Merci d'avoir appelé. Merci beaucoup !

Péquod cherche à convaincre l'Anglais de remonter dans sa chambre tout en jetant un regard mauvais à la pute africaine... puis à son gardien de nuit. L'Anglais s'obstine : pas question de remonter dans sa chambre. Il veut qu'on lui descende ses affaires, il se rhabillera ici, à la réception, il refuse de finir la nuit « *in such a haunt* ».

La toutou lui lance alors tous les noms d'oiseaux de son pays... Mais Péquod m'ordonne de la jeter dehors. Je dois me saisir de la malheureuse à bras-le-corps, jouer au flic (*Heichma*, Paul !). Elle hurle qu'elle veut récupérer son imper, d'abord. Elle se débat, me griffe les mains, me griffe les joues. Je lui jure que je vais le lui chercher si elle se calme... Je monte en courant à la chambre de son client, la 15, je redescends avec l'imper et le lui tends :

– Voilà !

– Casse-toi ! lui lance haineusement Péquod.

Il me faut, moi, remonter à la 15, fourrer les affaires de l'Anglais dans son sac de voyage, les lui rapporter, et subir l'humiliation de le voir vérifier et revérifier si je n'ai rien oublié... Ou... volé ?

– *No, sir, I'm not a thief !*

Il se rhabille derrière le comptoir de la réception, et ressort dignement, sans un mot, son sac en bandoulière ballottant sur sa bedaine – encore une chance, que les chambres se paient d'avance au *Modern'* ! semble songer Péquod. Moi, l'idée m'amuse, que cet adepte de la nuisette rose vaporeuse ait jugé moins dangereux d'errer à trois heures du matin dans les rues de Pigalle que de regagner tranquillement sa chambre tout confort au *Modern'*.

Péquod peut enfin se livrer sans retenue à sa fureur. Je me doutais bien que je serais le bouc émissaire, que je devrais payer pour son perfecto déchiré par un mammouth !

– Pourquoi que t'as laissé monter la thiaga ? me crie-t-il.

J'essaie de garder mon sang-froid, de répondre posément :

– Elle avait pas l'air, elle m'a paru régule...

– Régule ! Une Kachlouche en panthère ! Une thiaga !

– Elle avait son imper par-dessus, je pouvais pas deviner. Elle avait l'air d'une filante de rien du tout... Discrète. Et le mec, bien avec elle. Ç'aurait pu être sa légitime, presque !

– Tu te fous de ma gueule ? Une Séné ! Une thiaga ! Gros comme... ! J'en veux pas moi chez. C'est des trous à sida, les Sénégalaises ! En plus, sont maquées avec des terreurs...

– Je pouvais pas savoir, moi, elle lui parlait pas en ouolof ! et je l'avais jamais vue dans le coin, celle-là, je l'avais jamais vue avant, je la connais pas ! *Had zahafni !*

– Ah, tu me réponds pas, ou je vais m'énerver !

– Et puis, le mec, lui, il sait ce qu'il fait...

– Tu me réponds pas !

– Il sait ce qu'il fait, hein, quand il en ramasse une. C'est pas mon affaire ! Du moment qu'il paie son plume !

– Elle t'a griffé ? Fais voir ! T'as du pot, si t'as pas chopé le HIV !

Il n'a pas détaché les trois initiales formant le sigle terrifiant, mais a prononcé comme s'il s'agissait du prénom Yves, ce qui me fait rire lorsque je saisis ce qu'il a voulu dire. Péquod en est décontenancé. Je profite de mon avantage momentané pour lui décocher un direct à l'estomac – un direct verbal, s'entend :

– Écoutez, lui dis-je avec une sorte de solennité, sur le ton de la dignité offensée, si vous voulez ma démission, je vous la donne. Si vous n'avez plus confiance en moi...

Le numéro ! Il se récrie, surpris, brusquement conciliant :

– Non non. Ça va pour cette fois, je passe l'éponge.

– Merci, dis-je, très froid.

Victoire aux points de Paul Smaïl.

Mais, pour conclure, coup bas de son adversaire, au-dessous de la ceinture, c'est le cas de le dire :

– Pour aller corriger le mammouth, ajoute Péquod, je trouverai bien un homme, un vrai, avec des couilles !

Et il repart dans la nuit, et il remonte la rue des Martyrs. Blanc et doré ! reptilien ! étincelant !

J'avais écrit plus haut que, la plupart du temps, il ne se passe rien au *Modern'*, ce qui me laisse du temps pour écrire. La plupart du temps – oui.

Bonace, le lendemain. Un coup d'œil aux écrans : paix à bord, ponts et coursives vides, personne au salon vidéo pour regarder *Coït ! Coït !* Rien qui puisse me laisser craindre une nouvelle mutinerie, cinq chambres sont restées inoccupées, les clients qui se sont présentés n'avaient pas trop l'air allumés, et pas de thiagas – puisque Péquod n'en veut pas, c'est dit. Un Italien s'est pointé avec une occase zantille que je connais, une fille sans histoires, mais je lui ai répondu qu' « *hotelo completo* ». (*Balek*, Paul ! Zélé ! Service-service ! Sécurité d'abord ! Plus aucun risque ! Postulat : Toute Noire est une thiaga et un trou à sida comme tout beur est un choureur et un dealer.) Le *Modern'* encalminé, je vais pouvoir reprendre...

Myriam – donc.

Le surlendemain de ma violente sortie à Mme Moriot – l'Abbebbesse, la Bubutte, la Mrape, la Licrave, Cuvée rouge : je ne cessais de l'affubler de surnoms infamants ou ridicules tandis que je ressassais mes griefs contre elle –, je suis allé vers sept heures et demie du soir guetter Myriam à l'entrée de la station Abbesses, j'ai eu cette hardiesse.

Mon cœur battait plus vite qu'après neuf fois trois minutes de corde à sauter. J'avais les mains moites, la bouche sèche.

Elle m'a vu la première :

– Paul. Vous attendez quelqu'un ?

– Je vous attendais vous. Je me suis permis de... Je voulais m'excuser.

– Vous excuser de quoi ? Vous n'avez pas à vous excuser ! Pas à moi. Je suis seulement un peu triste que...

– Que... ?

– Eh bien, que vous ne soyez plus avec m... nous, je veux dire...

(Mais tu as bien entendu ce m si furtif, Paul ! tu as bien entendu ce « moi » pudiquement évité *in extremis*.)

– Oui... ?

– Et que vous ayez perdu si vite votre job ! Mais c'est vrai qu'elle est à chier !

(Elle, si bien élevée, a dit « à chier », Paul.)

Je confirme :

– À chier.

– Sa manière de... Quand elle vous a présenté comme...

– Comme le livreur de pizzas ?

– Non, vous savez bien...

– Oui, je sais, Myriam.

– À moi, la première fois, elle m'a demandé comment mes parents avaient survécu pendant la guerre. Une des toutes premières questions qu'elle m'a posées ! Mais si vous aviez pu tenir un peu, vous...

– Est-ce qu'on ne se tutoyait pas ?

– Oui. On peut continuer, si tu veux.

– Je ne vous mets pas en retard ?

– Non, mais ça n'a pas d'importance. Je veux dire...

(« Non, mais ça n'a pas d'importance »! Tu as bien entendu, Paul.)

– Je... Je peux t'offrir un verre ?

– Je veux bien, oui.

Comme tout cela semblait à la fois facile et irréel ! Grave et léger, émouvant et gai, tout irisé de lapsus et moucheté de non-dits. Saisi par la magie du moment, j'oubliais de me sentir mal à l'aise et de ruminer mes inquiétudes habituelles : est-ce que je ne pue pas ? est-ce que je ne suis pas trop grossier ? est-ce que je ne fais pas trop nardène de Barbès ?... Comme si l'explosion dans la librairie, deux jours avant, m'avait libéré de la pesanteur.

Je ne parvenais cependant pas à me débarrasser d'une obsession : est-ce que je vais résister à mon envie d'embrasser Myriam ? est-ce que je dois résister à mon envie de l'embrasser ? Jusqu'où puis-je aller ? Et j'eus un instant de panique risible, lorsque le garçon vint prendre notre commande :

– Un thé citron, lui dit Myriam.

Et moi, qui déteste le thé :

– Euh... Comme toi... Deux thés citron, s'il vous plaît.

J'avais tellement envie d'un demi !

Au bout d'un grand quart d'heure, voyant que je ne versais toujours pas le contenu de la théière dans ma tasse, Myriam a noté :

– Tu l'aimes froid et très fort ?

Moi :

– Quoi ?

– Le thé.

– Non. Je n'aime pas le thé, c'est tout.

– Mais alors pourquoi tu... ?

– Parce que je suis con !

Nos rires, alors, son regard attendri, ce si joli geste qu'elle eut pour se masquer de ses mains – le souvenir demeure intact, net, définitif.

Un ange passe. Plusieurs anges... Tout un vol. Mais ce silence, aérien, n'est pas pour me déplaire. Je me sens des ailes, moi aussi, je suis heureux. Dieu sait pourquoi je reprendrai la parole ! Surtout que ce sera pour lui demander :

– Qu'est-ce que tu penses de moi ?

(Rhmale !)

Elle se récrie avec raison :

– Mais ! quelle question ! Je te connais à peine... Je ne te connais pas, pour ainsi dire. Je ne peux pas savoir ce que je pense de toi... Et je ne suis pas là pour te juger.

– Je veux dire... comment tu me vois ?

– Eh bien... Comme quelqu'un d'assez mal dans sa peau, comme quelqu'un de si mal dans sa peau qu'il est capable de poser une question pareille ! Il y a tellement de rage en toi... Ne le prends pas mal, si je te dis que tu fais un peu peur ! On dirait que tu as du plaisir à faire peur, mais on voit bien aussi que...

– Que... ?
– Rien.
– Je te fais peur ?
– Un peu, oui. Comment dire ? Ton angoisse m'angoisse un peu, oui. Mais je...
– Oui, dis-moi !
– Non, rien. Il faut laisser un peu de temps aux gens, Paul.

On prétend que, dans un amour, tout est dit dès le premier jour. Après, on ne fera que répéter indéfiniment, avec toutes les variations qu'on voudra, le thème initial.

« Laisse-moi un peu de temps » : c'est la dernière chose que m'ait dite Myriam, la toute dernière fois.

Mais lorsque nous sommes ressortis du café, la première fois, elle m'a fait :

– Il faut que je me sauve !

J'ai cru entendre de la détresse dans ces mots : il fallait qu'elle se sauve au sens fort des mots. Et j'en ai ressenti une immense tristesse, moi aussi.

Eh bien, soit ! Je suis fou amoureux. Désespérément et gaiement amoureux. Heureux et malheureux à la fois. Tremblant de peur que les choses ne cassent au premier accroc et cependant certain qu'elles dureront toute la vie. Je suis ridiculement amoureux, mais est-ce qu'on n'est pas toujours ridiculement amoureux quand on est amoureux ? Est-ce qu'on n'est pas toujours un peu ridicule ? Ou romantique, ce qui est synonyme. « Pa-la-pa-lam-pa-la-pa-la-pam-pam... ! »

Bouffées de joie et instants de tristesse, je prends tout. J'apprends à donner et, ce qui est plus difficile, à recevoir. Je dois apprendre encore à ne plus avoir si honte de moi, à moins me crisper, moins me tenir sur mes gardes – Myriam me le dit et je dois l'écouter. Il faut s'aimer un peu pour aimer l'autre. Je dois cesser de me surveiller comme je le fais, cesser de souffler dans mes paumes pour m'assurer que je ne pue pas de la gueule, cesser de me demander si je suis assez bien habillé, cesser de me repeigner sans cesse... Mais aussi de m'emporter si violemment, mais aussi de menacer du poing ces connards qui klaxonnent parce que nous ne traversons pas assez vite le boulevard, bras dessus, bras dessous... Quand je suis avec elle, cesser de traiter de connards tous les connards !

J'ai une piaule de dix mètres carrés – douche, réchaud, évier, *mirhad* compris –, à un sixième sans ascenseur, vue sur cour, boulevard Barbès, au-dessus de Berbersol – *Y a des affaires chez Berber !* – et je dois oser y inviter Myriam sans me sentir humilié. Après tout, j'y ai amené des filles avant Myriam, et de plus bourges que Myriam, et je m'en foutais, alors, de ce qu'elles pouvaient penser du décor. Du moment qu'elles étaient plus ou moins consentantes... Autrement dit : d'accord pour baiser, que ce soit explicite ou non *avant*.

Où pourrions-nous aller sinon chez moi ? Myriam vit chez ses vieux, à République, et, de plus, elle est fille unique. Ma seule concession sera de dire : ma chambre, au lieu de : ma piaule. Tes parents, au lieu de : tes vieux.

Mais, bien entendu, la première fois où j'ose enfin inviter Myriam dans ma chambre, je fais fiasco – pour dire les choses comme Stendhal.

Pour dire les choses comme Smaïl : je n'arque pas. Impossible de tenir la pose. Semi-bandaison, simili-bandaison... *Oualou*. Trop mou pour enfiler une capote. Des heures à cafouiller piteusement. Jusqu'à ce que Myriam me murmure à l'oreille :

– Paul, ça n'a pas d'importance.

Pourtant, soit dit sans la ramener, bander n'avait jamais été un souci pour moi jusqu'ici. Je me suis déniaisé avec une copine de ma classe, en seconde, chez elle, c'est-à-dire chez sa mère, absente, un mercredi après-midi. Léopoldine – elle s'appelait Léopoldine – m'a dit ensuite que j'avais été « super, beaucoup plus cool que Guillaume » (je cite). Et depuis, tirer un coup ne m'avait jamais posé de problème. Des blondes, toujours. J'emballais, je consommais – voilà. Simple question d'hygiène, physique et mentale. À Nanterre, je n'ai rien trouvé de mieux pour ne pas crever d'ennui. J'ai eu de grandes amours de quelques heures, de toute une nuit parfois ! Et au matin, tchao ! Ma plus longue histoire dura trois semaines – Claire. Et j'en demande pardon à Stendhal si je suis si vulgaire : elle fut aussi mon meilleur coup au plume. Ceci expliquant sans doute cela.

Je n'en suis vraiment pas fier. Je le disais à Daniel, quand il s'inquiétait de n'avoir encore jamais couché avec une femme, à l'époque où il n'avait toujours pas deviné pourquoi il n'avait encore jamais couché avec une femme :

– Déchirer, c'est à la portée de n'importe quel connard, tu sais ! Ce qu'il y a de plus difficile n'est pas de baiser une gonzesse mais de baiser *avec* une gonzesse... Mais c'est surtout d'aimer une femme, le plus difficile.

Le plus curieux est que je parlais alors théoriquement : sans avoir connu l'amour, le grand amour. Sans savoir que les sentiments très forts peuvent provoquer une impuissance passagère. Était-ce la fameuse *cristallisation* ? J'étais pétrifié. Mortifié. Cette chasteté involontaire me rendait fou. Myriam avait beau me répéter que c'était sans importance, je ne la croyais pas ; il me fallait réussir. Tout en sachant que plus j'y penserais, moins j'aurais de chances d'y parvenir. Nous en discutions, je finissais par en rire – jaune.

En plus, voici qu'on se met à causer comme dans les baves à la télé et les canards à la con : « La panne au lit, que faire ? » Et je chantonnais pour me donner une contenance : « Panoli, Napoli, Panoli, Napoli, Panoli... »

– Paul, tu es fou.

Comment aurions-nous pu imaginer que la solution était de me présenter à M. et Mme Fink, ses parents ?

Myriam en avait parlé déjà deux ou trois fois, sans insister : ils auraient aimé me connaître. Je résistais. Je ne disais ni oui ni non, je trouvais un motif ou un autre pour me dérober. J'envisageais avec effroi l'examen qui m'attendait. Parce que je ne pouvais pas imaginer la rencontre autrement que comme un examen ! une inspection, une observation, une évaluation, une estimation – *'an-nadjda !*

Comprenant qu'une réponse évasive de plus blesserait Myriam, j'ai fini par capituler. Il fallait y aller !

– D'accord pour un verre, un soir, avant le dîner. Mais un verre seulement.

Dire l'angoisse qui m'a pris dès le matin du jour dit ! L'envie dévorante d'appeler Myriam à la librairie et d'improviser n'importe quel prétexte pour me décommander ! En venir à souhaiter un accident grave, la mort subite de mon père, Dieu sait quoi ! Voici que ce tic dont je me croyais débarrassé, me souffler mon haleine au nez, me reprenait. L'impression de puer la sueur, le gras, le cramé, le fromage fondu des pizzas, le tissu plastifié de ma tenue de livreur de pizzas... Barbès ! Une phobie, un vrai délire obsessionnel : je me brossais et me rebrossais les dents, je me lavais et me relavais les mains, je cirais et recirais mes chaussures noires, je me peignais et me repeignais, je me rasais pour la troisième fois. Est-ce que je devais mettre une cravate, mon unique cravate en soie ? Est-ce que je devais apporter des fleurs ? Est-ce que ce serait maladroit de demander à Myriam si je devais apporter des fleurs ?

C'est tout vu, je vais gaffer à mort. Ces gens sont juifs, ils ne vont pas me sacquer. Moi, je ne saurai pas quoi dire. Et s'ils m'interrogent, à tous les coups je répondrai à côté : juste les mots à ne pas prononcer devant eux. Bien sûr, ils se montreront aimables avec moi mais ils voient en moi le sale mec qui leur vole leur fille chérie ! leur fille unique ! leur seul enfant ! Forcément ! Même si Myriam est majeure ! Même si elle est déjà sortie avec d'autres hommes !

Même si elle est déjà sortie avec d'autres hommes, je suis son premier Arabe ! Un Arabe leur vole leur fille ! Autant dire : leur viole... (Un violeur impuissant, mais ils l'ignorent.) Un Arabe ! Un pro-Palestiniens, peut-être ! Un partisan de l'Intifada ! Un poseur de bombes ! Un tueur !... Qui a vidé son tube de dentifrice.

– On y va ?

– On y va.

Myriam et moi nous sommes donné rendez-vous à une sortie de la station République. Nous marchons côte à côte, sans nous dire un mot. Je n'ai pas de bouquet et je n'ai pas de cravate. Elle a paru approuver.

– C'est ici ?

– C'est ici.

Nous entrons, nous montons l'escalier, ils habitent au premier. Elle sonne trois coups brefs à la porte, avant de l'ouvrir avec sa clef.

– Papa, Maman, voici Paul !

– Entrez, Monsieur, je vous en prie !

Le pire est que M. et Mme Fink ont l'air encore plus embarrassés que je ne le suis. J'essaie d'imaginer mes parents dans la situation inverse, recevant Myriam : comme ils seraient intimidés, eux aussi ! Penser à eux devrait m'aider à surmonter l'épreuve, mais rien n'y fait. Ils sont si gentils, si souriants, ils font tout pour me mettre à l'aise, ce qui a pour seul effet d'accroître et ma gêne et la leur.

– Asseyez-vous, Monsieur, je vous en prie !

– Maman, tu peux dire Paul.

– Voulez-vous... Nous avons du whisky, du gin, du martini. Vous préférez du vin blanc ? Il y a du vin blanc au frais, je crois.

– Euh... Je... Euh... Que... Un... Oui, un... mart... Un whisky. Un doigt... Merci. Merci beaucoup.

– Avec de la glace ?

– De la… Noui… Non, je, oui… Euh… Si vous… Oui. Merci. Merci beaucoup.

M. Fink me verse dans un grand gobelet de cristal taillé un bon tiers de la bouteille de J&B. Il a les mains mouchetées d'or et toutes piquetées : il est relieur à l'Imprimerie nationale. Mme Fink est tout le portrait de sa fille et semble à peine plus âgée qu'elle. Myriam m'a dit qu'on les prenait souvent pour deux sœurs, je comprends pourquoi.

– Myriam nous a beaucoup parlé de vous, me fait-elle timidement, en me tendant les olives (Non, pas d'olive, Paul ! tu ne saurais pas quoi faire du noyau, après). Beaucoup parlé de vous.

Mais elle ne sait comment enchaîner… Et moi non plus. Ni M. Fink. C'est Myriam qui sauve la situation en évoquant les brillantes études de son amoureux, lequel rougit, avale une grande rasade de whisky, s'en étrangle, se lève pour mieux respirer, manque de renverser une lampe posée sur un guéridon – *balek ! balek !* le séjour n'est pas bien grand et très encombré de jolis petits meubles et de bibelots fragiles… Au lof ! Pare à bâbord ! Vire de cap !

– Quels beaux livres vous avez ! dis-je, le premier étonné d'avoir pu articuler sept syllabes d'un coup. (Bravo, Paul, pour l'originalité !)

– Si cela vous intéresse, me répond M. Fink, vous devriez venir me rendre visite à l'Imprimerie nationale.

Et Mme Fink, avec la mimique moitié téméraire, moitié affolée d'une petite fille qui, pour la première fois de sa vie, saute du grand plongeoir :

– Vous restez à dîner ?

K.-O., Smaïl le mi-lourd ! Sonné ! Compté debout !

Hébété, je fixe Myriam dans une sorte de flou vertigineux, je lui fais non non non non non des yeux, elle me fait oui oui oui oui oui... Si bien que je finis par m'entendre répondre contre ma volonté :

– C'est très aimable à vous. Je vous remercie. Je vous remercie beaucoup.

(Fink : un point.)

Impossible de me remémorer le dîner : ce que j'ai mangé, ce que j'ai bu, notre conversation – s'il y en eut une. Demeure le vague souvenir que je me félicitais intérieurement après chaque saut d'obstacle : je ne me tachais pas, je ne me trompais pas de couvert, je ne renversais pas la salière et, comme je l'avais vu faire dans les films, je me relevais poliment lorsque je voyais Mme Fink se lever de table pour aller chercher un plat ou débarrasser.

– Paul, je vous en prie ! vous êtes trop bien élevé. Nous sommes en famille.

(Visiteur : un point.)

Mais après le dîner, une conversation s'est engagée dont je me souviens mieux. J'étais touché de leur bonté, je débordais de gratitude : ces gens ne se croyaient pas obligés de parler comme à peu près tout le monde des origines de chacun, de nos différences culturelles, des difficultés auxquelles sont confrontés les jeunes qui souhaitent s'insérer dans notre société – n'est-ce pas ? Et qu'il suffirait d'un peu de bonne volonté – n'est-ce pas ? Et gnagnagna.

Non, ils avaient du tact. Ils ne m'assommaient pas avec cette fausse gentillesse de ceux qui veulent vous faire savoir haut et fort qu'ils ne sont pas racistes, qu'ils n'ont pas de préjugés – les Abbesses ! S'ils s'intéressaient à moi, ils s'y intéressaient discrètement. Ils ne me jugeaient pas. Ils ne m'ont pas interrogé sur ce que je ferais plus tard, ni sur ce que faisaient mes parents. Je ne passais pas un examen. Les Fink étaient des gens bien.

– Tu vois, l'épreuve n'était pas si terrible, m'a fait remarquer tout bas Myriam, en me raccompagnant à la porte.

J'ai murmuré :

– Il n'est pas très tard. Fais quelques pas avec moi...

Elle a pris un parapluie et dit à ses parents de ne pas l'attendre.

Nous avons traversé la place de la République. Nous chantonnions sous la pluie, à chaque feu vert nous nous embrassions en attendant de pouvoir traverser et, parfois, au rouge, nous attendions qu'il repasse au vert, puis au rouge, puis au vert pour continuer de nous embrasser. Les illuminations de Noël ne brillaient que pour nous. La pluie ne tombait que pour nous. Ce connard au volant d'une GTI jaune ne klaxonnait que pour nous... Mais je ne l'ai pas traité de connard ni menacé d'un pain dans son sac à chiasse, ce fils de sa mère !

Boulevard de Magenta, devant la vitrine de Face-à-Face, pointant au milieu de l'amoncellement mousseux des robes de mariée *Tradition* la plus ringarde, Myriam s'est écriée en riant :

– Je veux celle-là !

Et moi, devant le Louxor à l'abandon :

– Quand j'étais petit, je croyais que c'était un vrai palais égyptien, du temps des pharaons, et que des momies étaient enterrées sous les fauteuils du cinéma ! Je ne sais plus qui m'avait raconté ce bobard.

Comme nous passons sous le pont du métro, passe une rame, et nous profitons du fracas infernal pour hurler comme des fous. Et c'est bon.

Nous remontons le boulevard Barbès. Nous voici arrivés devant Berbersol.

– Tu viens ?

– Oui.

Nous avons fait la course dans l'escalier, jusqu'au sixième, nous nous sommes affalés, à bout de souffle, sur mon lit. Et puis nous avons commencé à nous caresser, à nous déshabiller l'un l'autre tout en continuant de nous caresser, les yeux dans les yeux. Et nous avons fait l'amour. Et c'était bien. C'était très bien. L'accord parfait. Alors, nous avons recommencé, et c'était tout aussi bien la seconde fois. Mon tour était venu d'entonner une *Marseillaise* :

– Pa-la-pa-lam-pa-la-pa-la-pam-pam-pa-la-pa-la-pam-pa-la-lam... !

Que puis-je ajouter ? Comment dire les mois qui suivirent, les rires et les larmes, les baisers volés, les « main dans la main », les traces de rouge à lèvres sur ma joue, les silences, les nuages, les orages, les éclaircies, les brouilles passagères et les retrouvailles passionnées ? Les retrouvailles passagères et les brouilles passionnées... Peu à peu, le sentiment que quelque chose allait casser... Que quelque chose était cassé. L'impression de s'enliser. De se perdre. Ni avec toi ni sans toi : il n'y a plus de choix, plus de liberté. L'horreur ! Passer toute une journée à se demander s'il faut rappeler ou pas. Pleurer dans un café en écoutant Oum Kalsoum chanter la douleur d'aimer... Mais aussi que l'amour ouvre les portes du Paradis : *Djena* – le seul mot de la mélopée que je comprenais.

Le moment était venu de nous quitter. Nous nous étions connus en octobre, nous nous sommes séparés en juin. Que dire de plus ? Ne me suis-je pas fait assez de mal à rappeler le bonheur perdu ? Toute la douceur de notre amour, la présence de Myriam, sa tendresse flottent encore ici, dans cette chambre où je remets au net sur l'ordinateur emprunté à Péquod ce que j'ai noté la nuit dernière au *Modern'*. Je clique sur *Enregistrer*. Je clique sur *Fermer*. Assez.

Melville, Conrad, Stevenson, mes écrivains, se sont donné la part belle : que des hommes à bord ! Pas une femme. Aucune banale histoire d'amour entre un homme et une femme à *narrer* ! La chasse à la baleine, la recherche du trésor, le cœur des ténèbres... Fastoche !

À Nanterre, j'ai désespérément cherché un cours sur la question : la narration de l'amour, la description de l'amour, la représentation de l'amour dans la littérature occidentale, les romans d'amour... Rien au tableau d'affichage. Nulle part où l'on parle d'amour à Nanterre, nulle part où l'on pourrait apprendre à en parler ; apprendre à écrire sur l'amour. Aucun module sur le sujet, pas la moindre UE.

De cul, non plus. Il n'y a que moi pour m'obstiner à prononcer Paris-X comme s'il s'agissait de la lettre X majuscule et non du chiffre romain. Ce qui, d'ailleurs, n'a jamais fait rire personne d'autre que moi.

À des étudiants qui me paraissaient un tout petit peu moins débiles que la moyenne – je ne place pas la barre très haut –, j'ai demandé parfois s'ils ne trouvaient pas bizarre qu'il n'y ait aucun cours sur l'amour dans la littérature. La réponse est unanime : l'amour dans les bouquins, ça fait chier.

De toute manière, je n'ai jamais, je le jure ! jamais rencontré à Nanterre quelqu'un qui aime lire.

Et je me dis qu'au fond, c'est une chance de n'avoir pas d'UE sur le sujet. Les études littéraires semblent conçues pour vous dégoûter de la littérature. Il n'aurait plus manqué que Nanterre me dégoûte d'aimer, aussi.

Les malheurs ont commencé à s'abattre sur la famille juste après. Comme s'il fallait que je sois puni d'avoir, un jour, un instant, souhaité une catastrophe pour échapper à l'invitation des parents de Myriam.

Je ne suis pas superstitieux, je ne crois pas en Dieu, mais j'en suis venu à penser que j'avais provoqué la colère du Tout-Puissant. J'étais envahi par un sentiment de culpabilité grandissant.

Daniel, à mesure qu'il prenait du volume, devenait plus sombre et mélancolique. Il craquait pour un rien, comme craquaient les coutures de ses chemises. Maman ne cessait plus de lui recoudre des boutons et de lui faire cuire des blancs de dinde ou de poulet. Il était passé de L, à XL, à XXL, et achetait désormais ses slips et ses marcels dans une boutique spécialisée pour culturistes. Il se campait devant la glace de l'armoire dans la chambre des parents ou le miroir de l'entrée, il prenait la pose puis, sans qu'on sache pourquoi, éclatait en sanglots.

Pendant ce temps, mon père dépérissait. Il

maigrissait, se nourrissait de moins en moins et, souvent, vomissait le peu qu'il avait pu avaler sur l'insistance de Maman.

Maintenant, les potions de notre bonne fée Zaïa ne lui étaient plus d'aucun secours. Zaïa, d'ailleurs, ne voulait plus lui donner de ses remèdes de sorcière. Elle le poussait à consulter un médecin, à se faire sérieusement examiner à l'hôpital. Mon père lui répondait de ne pas trop s'alarmer : ça lui passerait, il était seulement un peu fatigué, les femmes ne peuvent pas comprendre ça, elles dramatisent pour rien.

S'il minimisait ses ennuis de santé et refusait de se soigner, ce n'était pas tant par fatalisme que pour ne pas nous affoler. Jamais il ne s'occupait de soi. Et il gardait pour lui ses soucis : les fins de mois, ses fils sans emploi, les exigences de rendement toujours plus dures à la SNCF, la fragilité de Daniel, Maman qui se laissait aller à la tristesse aussi... Sa propre santé.

Je crois qu'il avait deviné la gravité de son état, mais le père, le chef de famille, ne devait pas tomber malade, ne devait pas montrer le moindre signe de faiblesse.

Quand il a fallu se rendre à l'évidence – cancer de l'estomac –, il était trop tard.

Maman, alors, a voulu d'abord protéger Daniel : il ne fallait pas inquiéter le petit. Le petit avait vingt et un ans, il mesurait 1 mètre 80, pesait 80 kilos... 85 kilos... 90 kilos... Elle voyait toujours en lui le maigrichon qui peinait en classe et sombrait si facilement dans le chagrin.

Moi, on pouvait me dire la vérité : j'étais l'aîné, je serais le chef de famille quand mon père aurait disparu. Maman m'estimait plus mais me chérissait moins que mon frère.

Lorsqu'elle m'a annoncé : « Papa va rester deux ou trois jours en observation, j'ai dit à Daniel que ce n'était rien du tout... », je n'ai pas voulu en savoir plus. Comme s'il n'y avait rien là de bizarre. Comme si, sur le coup, je n'avais rien entendu. Et, d'une certaine manière, je n'avais rien entendu.

À Nanterre, je crevais d'ennui. Les matins d'hiver, prendre le RER, c'était partir pour le voyage au bout de la nuit... Et arriver au milieu de nulle part : Paris-X, oui. Trente ans avant, il y avait là des bidonvilles à bougnoules, des foyers Sonacotra : est-ce que c'était aussi sinistre alors ? Peut-être pas. Sûrement pas. Qu'est-ce que je foutais là ? Pour apprendre quoi ? Pour faire quoi, plus tard ? Deux ou trois cours m'intéressaient, au plus. Pour le reste, je savais me débrouiller seul : il suffit de savoir lire un crayon à la main. J'ai demandé à bénéficier d'une dispense de contrôle continu, préférant l'examen en fin d'année – me débarrasser une bonne fois de la corvée... Si possible, les doigts dans le nez. (C'était possible.)

Revenir de Paris-X, c'était rentrer d'un sordide trou perdu de province. Rimbaud débarquant de Charleville, Rimbaud arrivant à Paris !

Ce sont des villes ! C'est un peuple pour qui se sont montés ces Alleghanys et ces Libans de rêve !

Le bruit, le rythme, les lumières, la vraie vie ! Après quelques heures passées à Nanterre, plus rien ne pouvait m'attrister. Même de livrer des pizzas me paraissait plus enrichissant intellectuellement que les UE 102, 208, 382 ! Même de cogner comme un sourd dans un sac chez Monsieur Luis !

Et Dieu sait si je cognais ! Dieu sait si j'étais agressif à l'époque ! Trop, beaucoup trop, me reprochait Monsieur Luis.

– Y est plus de la boxe ! Tu frappes comme une mierde ! Y est n'importe quoi !

J'arrivais à la salle, je descendais les sept marches en courant, je me changeais en moins de trois minutes, je déboulais sur le parquet comme si j'avais mis en jeu le titre mondial, comme si j'allais livrer le combat de ma vie.

Si je boxais, j'appuyais les coups, je criais ma rage dans mon protège-dents, je ne me contrôlais plus. Il y eut du sang. J'en oubliais ma garde, je me faisais salement corriger. Je ne me calmais pas pour autant, je me relevais et je reprenais l'assaut. J'aurais pu tuer. Monsieur Luis dut finir par me priver d'échanges pour un temps :

– Tu y es à l'entraînement, Paul, tu y es pas sur un ring !

– Quoi ? J'ai pas appuyé !

– Tu réponds ? Terminé. Y te suspends d'éhianges por un mois !

– Bon. Donnez-moi un sac-poubelle, alors !

Il fallait que j'exsude ma violence.

Mais pourquoi tant d'agressivité ? Le premier venu qui m'aurait expliqué, fin psychologue, que c'était parce que je ne baisais plus, je lui aurais balancé direct mon gauche.

Et pourtant, et pourtant ! c'était la triste vérité : je ne baisais plus. Les blondes ne me tentaient plus, les brunes non plus. Juives ou pas, *laa*. Je n'avais plus de désir. Et les autres plaisirs de l'existence me laissaient indifférent. Que me restait-il ? Les livres ? Les livres. Seule la lecture m'a permis de tenir pendant cette année-là.

Si j'y repense, les jours et les saisons d'alors se confondent aujourd'hui en une grisaille. Le gris est la couleur de l'été, et de l'automne, et de l'hiver qui suit. Et j'ai du mal à dater des événements qui n'en sont pas. Ou la suite des petits boulots minables : chez un photocopieur, je suis debout pendant des heures à fournir en papier les machines et à relever les compteurs ; pendant deux semaines, je tiens un kiosque à journaux pour un cousin parti en vacances ; je décharge des camions ; je fais la plonge à L'Ile mystérieuse (L'Ile mystérieuse !). Le gérant est un pirate : je dois, accompagné de Diop, le menacer de mort pour toucher ma paie.

Puis, je trouve mieux : écrivain public. Zaïa m'a fait une réputation dans le quartier : son neveu est un cerveau et une plume. Au début, ça me plaît assez de rédiger des lettres payées à la pièce. Sauf que mes tarifs sont forcément très bas : qu'est-ce que je peux demander à une femme de ménage que son jules a plaquée et qui voudrait récupérer son lit-canapé et son grille-pain ? Ou à la pauvre cloche qui a perdu ses papiers et ne se souvient même plus s'il est né à Marseille ou à Toulon ?

C'est trop déprimant, je laisse tomber.
Je deviens paresseux.

Je deviens paresseux et je deviens lâche : je passe de moins en moins souvent rue Ordener. Mon père rentre de l'hôpital. Ou il s'apprête à y retourner. Maman a les yeux rouges. Dans l'entrée, elle me confie tout bas qu'il vient de se disputer avec mon frère. Daniel est dépressif : ou très abattu ou surexcité, selon les jours et les heures. Lorsqu'il est surexcité, il me raconte qu'il est sorti la veille avec Sophie. Ou Sandrine.

– Attends, petit frère, tu m'as pas dit qu'elle s'appelait Aïcha ?

– Non, c'est une autre.

J'ai soudain le soupçon qu'elle ne s'appelle ni Sophie, ni Sandrine, ni Aïcha... Qu'il l'invente, qu'elle n'existe pas.

Moi aussi j'invente, moi aussi je mens : je trouve toujours une bonne raison de vite repartir avec mon sac de linge propre pour la semaine.

– Papa, Maman, j'ai du boulot, je suis à la bourre. Tchao !

Je suis content de remonter chez moi, de retrouver mes livres.

Ah ! et j'ai entrepris un grand roman d'aventures, écrit à la première personne... Que j'abandonne peu après.

Aujourd'hui, je ne me souviens que de la première phrase : *Vivre me tue*. Je ne suis pourtant pas allé beaucoup plus loin que la première phrase. En trois mots, en somme, j'avais tout dit.

Je retrouvais Daniel chez Speedzza. Il ne parvenait plus à remonter jusqu'en haut la fermeture éclair de son ciré rouge de livreur.

– Putain, ton frangin, Paulou !

– Qu'est-ce qu'il a mon frangin ?

– Putain, la gonfle, ouaouh !

– Ta mère !

Un soir, il arriva les cheveux décolorés, blond platine avec quelques mèches d'un blond plus soutenu. Visiblement la teinture et la coupe étaient l'œuvre d'un grand coiffeur. Et j'ai bien vu que ce n'était pas l'envie de vanner qui manquait à Taouif, à Gamal, à Mickey, mais d'avoir à se colleter avec son mi-lourd de frère s'ils mouftaient. Daniel, à l'évidence, attendait que je lui fasse une remarque... Il a attendu pour rien.

Il gagnait maintenant un peu d'argent dans des exhibitions de M. Muscles, qui lui payaient au moins ses séances de musculation – le cercle vicieux.

Et puis il n'est plus venu chez Speedzza. Il avait trouvé mieux. Du travail de nuit. Quoi ?

– Rosebud dans une boîte. Videur, quoi.

– Quelle boîte ?

– Une boîte.

À vrai dire, je préférais ne pas trop en savoir. Comme pour notre père.

Mais un soir, en rentrant de Nanterre, je trouve une enveloppe glissée sous ma porte. À l'intérieur, un Pascal et cinq lignes griffonnées au verso d'une carte postale *Pigalle by night* :

Paul, vient me voir. Je bosse au Sexyshow 2000. Comme c'est cher, je t'ai mis de la tune. Pour moi, c'est rien. Mais vient, si tu veux : je passe à partir de 23 h. Début du show toutes les heures. Je suis Dany. Après, vers 2 h 30, tu peux m'atendre au coin de la rue des Martyrs. On peut se retrouvé là. D.

Il avait entouré le message du tracé d'une bouteille. Le capitaine de la baleinière avait passé le truc à son second : si le petit frère allait vraiment mal, s'il voulait me parler, il lui suffirait de me mettre un petit mot, comme ça, dans une bouteille : la bouteille à la mer – je comprendrais.

Le Sexyshow 2000 est le plus grand peep de Pigalle – *The most outrageous show in the world !*

Avec deux gluants à l'entrée qui sous des cataractes de néons roses et verts vous tirent par la manche, l'un ou l'autre, ou les deux, et vous font avec l'accent anglais de Tunis :

– *Supergirls and superboys, sir ! Come in ! First glance free !*

Je leur ai répondu que j'entrerais seulement s'ils me lâchaient. Ils m'ont obséquieusement ouvert les portes, en s'inclinant. J'ai été assailli par la sono – un vieux tube disco qui me rappelait quelque chose : *I love you baby*. À la caisse, je pouvais prendre pour trois, quatre, cinq cents balles, ou plus, de jetons. *Glance* gratuit : le premier coup d'œil – vingt secondes. J'ai donné le Pascal. Je voulais qu'on me rende au moins deux cents, mais je n'ai pas su le demander.

Je pouvais choisir : girl en solo, girls en double, girls en trio, girl avec boy, girl avec boy spécial SM. Je me suis avancé dans la pénombre bleue, puis rose, puis jaune, puis verte, puis rouge, et j'ai demandé à une lapeuse où je pouvais mater Dany. Elle m'a indiqué une cabine, et que je devais lui glisser quelques jetons dans son slip à franges pour la remercier du renseignement.

La cabine puait la ménagerie. Il y avait un tabouret haut, à dossier, et un rouleau de sopalin sous la glace sans tain. Quand j'ai tourné le verrou, la scène m'est apparue : une fille en corset et bottes à talons aiguilles chevauchait un homme à quatre pattes, qui portait une muselière. Presque aussitôt la vision a disparu, et une flèche s'est mise à clignoter au-dessus de la fente où je devais introduire mes jetons. J'en ai introduit une bonne dizaine : le compte à rebours s'est déclenché au minuteur. La scène, tournante, est réapparue.

La fille donnait des coups de badine à l'homme – et je dis : l'homme, parce que si cet homme était mon frère, assurément, le spectacle me paraissait tellement faux qu'il aurait pu s'agir de n'importe qui d'autre, de n'importe quel homme. L'épaisseur de la vitre, l'éclairage, le mouvement lent du manège, le fond de teint nacré des acteurs rendaient les choses irréelles. Je ne voyais là rien de sensuel, ni même de sexuel. C'était un peu pour moi comme de regarder les guignols à la télé. Ni plus excitant ni plus choquant... Sauf que le guignol qui se faisait humilier par une dominatrice, c'était mon Queequeg ! Le petit frère.

Je suis ressorti très vite, bien avant d'avoir épuisé mon crédit. J'en avais assez vu.

Je suis retourné chez moi. J'ai lu un moment, j'ai somnolé. Vers deux heures du matin, j'ai pris cinq billets de cent dans ma cache, au-dessus du compteur, et je suis redescendu pour aller l'attendre – avec deux t, Queequeg ! – au coin de la rue des Martyrs.

Il est en survêt. Un sportif qui revient de son entraînement. Les traits un peu tirés. Des traces de fard argenté au coin des lèvres et sur les tempes... En me voyant, il sourit, soulagé.

– Tu es venu. Merci.

C'est un sourire d'enfant. Et je le trouve beau, soudain, en blond – en ange.

– On va où ? Au Nadir ?

– Quès aco ?

– Un rade, là, à côté, ouvert toute la nuit.

– Va pour le Nadir ! Levez l'ancre ! Larguez les amarres ! Carguez les voiles de misaine !

Il a l'air fier de connaître un bar que je ne connais pas, de passer devant moi pour me montrer le chemin. Comme il a été fier, sans doute, d'offrir une grosse coupure à son grand frère et de lui écrire : *Comme c'est cher, je t'ai mis de la tune. Pour moi, c'est rien.*

Le Nadir, musique raï et putes au comptoir, est obscur et enfumé. Je m'assois face à lui, dans un box du fond.

– Attends, lui dis-je, je te rends tes cinq cents balles...

– C'était un Pascal !

– Ouais, j'ai changé, au cas où. Mais... je suis pas entré.

– T'es pas venu ? Tu m'as pas vu, alors ?

– Non.

– Peut-être que ça vaut mieux.

– Peut-être, ouais.

– Ça te débecte ?

– Non non. Tu fais ce que tu veux, hein ! T'as vingt et un ans, t'es majeur. C'est pas mon *churl* ! Tu ramasses, j'imagine. C'est beaucoup mieux payé qu'un stage à la con, j'imagine, beaucoup mieux qu'un emploi-formation, j'imagine. Qu'est-ce que tu prends ?

– Un quart Evian.

– Un quart Evian !... Moi, une Leffe. Qu'est-ce que tu avais à me dire ?

– Il faut pas que Papa apprenne que... Il faut pas qu'il sache. Jamais ! Il me tuerait.

– Non, il vaut mieux pas, non, il vaut mieux pas que Papa sache. Il te tuerait pas, non, mais il vaut mieux qu'il sache pas.

Silence.

Il boit son eau à petites gorgées. Ses yeux s'embuent de larmes. Il balbutie :

– Je suis pas une folle...

Il prend cet air buté qu'il prenait quand il était petit et qu'il ne voulait pas manger. Il répète, avec plus de force :

– Je suis pas une folle !

– Qui a dit que t'étais une folle, petit frère ? T'es pas une folle, je le sais ! D'abord, le Sexyshow 2000, c'est un truc pour hétéros. Il y a pas d'exhibes mec et mec, ou mec solo. C'est girl solo, ou girls en double, ou girl et mec...

– Mais, alors... Tu m'as vu, alors ? Tu as vu mes numéros ?

– Non non ! je t'ai dit. Mais je sais ce que c'est, le Sexyshow 2000. Je sais que c'est pas un peep pour pèdes...

– Dis pas pèdes !

– Je dis pèdes si j'ai envie de dire pèdes ! Ouoh ! Qu'est-ce tu veux que je dise ? Pédés ? Gays ? Homos ? Chulés ? Et même si t'étais une folle, hein ? tu serais encore mon frangin !

– Je suis pas une folle.

– Putain, je le crois pas ! Tu vas pas m'en faire une pendule ! T'es hyperviril, si tu veux savoir ! T'es Iron Man !

– Te fous pas de ma gueule !

– Je me fous pas de ta gueule, Daniel ! Seulement, dis-moi pourquoi tu m'as mis une bouteille à la mer, si c'était pas pour m'appeler au secours... Avec un talbin dans l'enveloppe, en plus ! Qu'est-ce que ça veut dire ? Tu veux que je te gronde, que je te dise que c'est pas bien du tout ce que tu fais et tout ? Que c'est la honte... Ou alors tu as peur, mais de quoi ? Des keufs ? Des gros bras du Sexyshow ?

– Non. Mais c'est l'angoisse, quoi, si Papa...

– Tu crois que je vais te balancer, peut-être ? Ou c'est ça que tu veux, peut-être ? Et que Papa te punisse quand il saura ? Putain, t'es pas net, petit frère !

– Non. C'est pas ça. Mais si Papa...

– Tu crois que Papa va dans les peeps, peut-être ? Tu crois qu'il est déjà entré dans un porno une fois dans sa vie ? Je suis à peu près sûr que non. Même pas aux putes, depuis qu'il est marié avec Maman, je suis à peu près sûr !

– Chchchut !

– Quoi, chut ?

– Putain, parle pas si fort !

– Je parle pas si fort...

– Dans l'entrée, les photos de moi, tu les as vues ?

– Non, je te dis que non, je suis pas entré.

– On peut pas me reconnaître... Je leur ai demandé. J'ai une rustine.

– Une quoi ?

– Une cagoule en latex. Je suis complètement masqué. On peut pas me reconnaître. Et en plus, ça excite les masos.

– Ah bon ? Ça paie bien, au moins ? C'est pas trop dur ? La nana te frappe pas trop fort ?

– Comment tu sais que la nana me frappe ?

Aïe ! Je me suis trahi. Inutile de chercher à le tromper plus longtemps, il a compris que je lui mentais. Il me dévisage, plus surpris que furieux. Je ne trouve pas le mot à dire, j'essaie de m'excuser des yeux... D'un sourire. Rien n'y fait. Il se met à pleurer. Je pose une main sur son épaule, mais il se rebiffe :

– Chelaouam !

Je lui pose la question autrement :

– Elle te frappe, ou elle fait semblant ?

– Elle fait semblant, me répond-il en reniflant. C'est tout pipeau. La plupart des mecs à qui on a proposé, au gymnase, ont pas voulu : ils veulent pas se laisser humilier. Moi, je m'en fous. Je ressens rien pour la fille... Et c'est comme si c'était pas moi.

Les pleurs redoublent.

– Mais... ta bite ? dis-je en riant, avec l'espoir de le voir un peu se calmer et de retrouver notre complicité d'autrefois.

– C'est une fausse..., finit-il par me répondre avec une nuance d'ironie dans le ton, et l'envie évidente, lui aussi, de renouer le fil.

– C'est bien : tu débandes pas de tout le spectacle !

Mais il grimace et me dit :

– Maman, si elle savait ?

– Maman, elle te pardonnera toujours tout, Daniel. Mais tu vas pas aller la bouleverser, tu vas pas aller lui raconter que... Elle pourrait pas comprendre.

– Je suis une merde, hoquette-t-il, je suis une merde. Je vaux rien.

– Bois un peu. Tu veux une bière ? Un whisky ?

– Non. Pas d'alcool.

– Merde ! tu vas pas m'alourdir avec ça comme Taouif, ou Farid. Bon musulman et boy dans un peep-show !

– Non non, c'est pour mon équilibre. Un body-builder doit pas boire d'alcool.

– Ton équilibre ! Putain ! Ton équilibre ! Je bois et je bouffe n'importe quoi, et je suis en meilleure santé que toi.

– Tu as toujours été le *number one* : tu es le plus intelligent, tu es le plus travailleur, tu es le plus sain, tu es le plus tout ! Papa le dit toujours... Tu as tout mieux que moi.

Je m'emporte :

– Tu mens ! Jamais Papa dit des choses pareilles... Tu mens ! Excuse-toi !

Il résiste, j'insiste :

– Excuse-toi !

Il me concède à voix basse, les yeux baissés :

– Je m'excuse.

Je ne le tiens pas encore pour quitte :

– Jamais Papa...

Il s'insurge à son tour :

– Je t'ai dit que je m'excusais, merde !

– Papa est très malade, Daniel.

– Zaïa m'a dit que c'est un cancer de l'estomac...

– Quoi ?

– Que c'est un cancer de l'estomac, et très avancé.

Tout vacille autour de moi. Je suis pris de vertige, c'est l'apnée. Je le dévisage bouche bée. Daniel me fait tristement :

– Voilà. Pour une fois que je sais quelque chose de plus que toi... T'as pas vu comme il maigrissait ? Eh bien, voilà. On va l'opérer mais...

– Maman sait ?

– Plus ou moins. Papa continue de lui dire que c'est pas grand-chose, et jamais elle osera interroger un toubib.

– Et Zaïa ?

– Zaïa dira pas la vérité à Maman, ça c'est sûr. C'est sa petite sœur. Comme moi je suis ton petit frère...

– Qu'est-ce que tu veux dire par là ?

Il hausse les épaules... Mais soudain nous voilà, le petit frère et le grand frère, à sangloter comme de tout petits garçons qui se sont perdus sur la plage, qui ne voient plus leurs parents... Nous voilà fous de peur et de chagrin, nous agrippant l'un à l'autre.

Quand je suis un peu calmé, je fais à Daniel :

– Je t'assure que tu devrais boire un peu.

– Tu crois ?

– Oui. Prends un whisky. T'as tes cinq cents balles... Et puis, tu sais, ça se soigne, le cancer, maintenant, ça se soigne. On en guérit.

Deux bières et quatre whiskies plus tard, nous sommes ressortis tant bien que mal du Nadir en nous tenant par le bras – deux marins en bordée, pleurant, hoquetant et déconnant. J'ai dit à Daniel :

– Viens pieuter chez moi ! Je dormirai par terre, je m'en fous.

Boulevard Barbès, les rares passants nous entendaient brailler en chœur :

– Amenez la brigantine ! Carguez foc et clinfoc ! Virez de bord ! Parez le cap ! Ferlez ! Lofez !

Des flics patrouillaient dans un fourgon qui roulait au pas, la porte latérale ouverte : on était bons.

Le capitaine :

– T'as tes papiers ?

Le second :

– J'ai mes papiers.

Mais, chose étrange, ils nous ont laissés poursuivre notre chemin sans nous contrôler. Pour une fois.

Il y eut des rémissions inespérées et de subites aggravations. Mon père sortait de l'hôpital apparemment guéri. Puis, quelques jours ou quelques semaines plus tard, il fallait appeler les pompiers, qui le conduisaient aux urgences à Lariboisière... Ou bien il retournait à Fernand Widal.

Tous les traitements possibles furent tentés au dire des médecins. Les métastases gagnaient tout le corps. Il fut chauve, puis ses cheveux repoussèrent... Il ne se plaignait jamais.

Maman passait des heures entières à son chevet, et il fallait que mon père insiste pour qu'elle rentre à la maison se reposer, s'occuper du quotidien – à quoi bon rester là sans rien faire ? Il voulait lire un peu, regarder un bon film à la télé... Je crois qu'à la fin sa présence continuelle, et muette, lui devenait insupportable. Il lui échappait des gestes d'impatience.

– Va, Leïla, va ! *Kafa !*

Zaïa, elle, apportait avec elle sa bonne humeur habituelle, sa gaieté communicative, et des bouffées d'ambre et de patchouli.

– Yacine ! Mais tu as pas mauvaise mine du tout, tu sais ?

Elle ne craignait pas d'interpeller le personnel de l'étage, de donner des ordres au besoin : comment ? mais les draps n'avaient pas été changés ! mais les vitres étaient sales ! c'est bien connu qu'on attrape le mal à l'hôpital, mais il n'y avait pas à s'étonner ! si c'était si mal tenu !

Elle sortait de son grand cabas en velours brodé un chiffon à poussière et entreprenait de nettoyer le meuble de chevet. Mon père, embarrassé, l'entendait houspiller une infirmière qui, à trois heures de l'après-midi, n'avait pas encore desservi le plateau du déjeuner. Il essayait de lui expliquer que ce n'était pas la tâche de l'infirmière, elle lui rétorquait que ça ne lui aurait pas coûté grand-chose, tout de même ! que ce soit à elle de le faire ou pas.

Mais, aussi bien, elle les accablait de gentillesses, les complimentait pour leur patience et leur douceur comme si elle avait été la malade, offrait des briouats de sa fabrication à un jeune interne qu'elle trouvait « mignon comme tout ».

Dans le couloir, elle me glissait à l'oreille qu'elle venait de consulter un marabout du nom de Foutou Baba, le plus fort de tous ! un saint ! un génie ! qui lui avait prédit que son *silf* allait guérir – et ne lui avait pris que deux cents francs. Mais, la veille, ah ! comment elle l'avait mis à la porte ce barbu d'une école coranique qui avait le culot de passer de chambre en chambre, à l'heure des visites, pour rappeler aux musulmans, ou présumés, leurs devoirs religieux ! Elle avait menacé d'un esclandre un médecin qui se trouvait là : quoi ? on laissait entrer cette engeance à l'hôpital ? on les laissait venir relancer jusque dans leurs lits les pauvres malheureux qui souffraient ?

– Ces curés-là, ça t'apporte que du mal !

Mon père avait d'autres visites : beaucoup de ses collègues venaient le voir quelques minutes en sortant des ateliers, qui sont à deux pas de Fernand Widal. Et ce n'étaient pas seulement ses collègues arabes... Je n'aurais jamais pensé qu'il était si populaire.

Moi, je venais l'après-midi, ou en soirée. Nous parlions de tout et de rien, ou nous restions silencieux de longues minutes... Et cela ne me plaisait pas moins. Quelquefois, je me sentais presque heureux de me trouver là. Loin de toute agitation.

J'ai rempli des pages de mon bloc de notations et de détails que je me remémorais et que j'avais peur d'oublier à nouveau. Mais j'ai tout déchiré depuis. À quoi bon ? Quand, dans un livre que j'ai déjà lu, je retombe sur la description d'une agonie, ou d'un deuil, d'habitude je saute les pages, ou je les relis vite, en diagonale. Je passe.

Je passe. Foutou Baba était un charlatan : Papa s'est éteint un samedi après-midi, à 3 heures 10, environ. J'étais là. Enfin... j'étais dans le couloir.

Un peu plus tard, je me suis rendu au Sexy-show, où mon frère donnait aussi des représentations le samedi après-midi. J'ai demandé à voir Dany. (Dany !)

Un ouvreur m'a expliqué que les clients n'étaient pas autorisés à rencontrer les artistes et que, de toute manière, Dany était en train de se préparer. J'ai répété sur un ton suffisamment ferme pour qu'il commence à me prendre en considération :

– Je veux le voir immédiatement.

Il m'a ouvert la porte d'une cabine et a appuyé sur le butoir du verrou.

– Là, vous le voyez ?

Daniel se tenait debout dans la pénombre rouge, décapité par la *rustine*. Il n'était qu'un corps. Sur le coup, je n'ai pas reconnu le corps – comme on dit à la morgue.

Mais j'ai fait à l'ouvreur, en m'agrippant aux revers de son veston :

– Écoutez, je suis son frère et notre père vient de mourir, d'accord ? Alors je vous laisse une minute pour aller le chercher derrière la vitre, et qu'il se rhabille parce qu'il vient avec moi, ou je casse tout, d'accord ?

– D'accord.

Et de nouveau, je marchais à grands pas, en me frayant un difficile chemin à travers la foule d'un samedi après-midi, pour aller retrouver mon frère. Mais les gens que je bousculais protestaient en allemand, et les rues étaient noyées d'un crachin froid si dense que les voitures roulaient pleins phares, et la nuit tombait, et je longeais un canal qui était une chaussée inondée, peut-être, on ne voyait plus la limite entre le pavé et l'eau, et je passais sous le pont du métro aérien à une station qui ne se nommait pas Barbès-Rochechouart mais Rödingsmarkt, et je levais les yeux à chaque carrefour, me demandant si j'étais enfin arrivé à cette Nirgendwostraße, où Kurt, le Turc, m'attendait pour me donner des clefs, et je regardais de nouveau mon plan de la ville, dont le papier était si détrempé qu'il se délitait, qu'il se décomposait – c'était un cauchemar, j'étais au comble de l'angoisse... Sauf que ce n'était pas un cauchemar.

Je venais d'arriver à Hambourg, que je ne connaissais pas : je n'étais jamais venu en Allemagne. Daniel m'avait appelé au secours pour la troisième fois en une semaine. Il ne m'avait pas dessiné de bouteille à la mer, cette fois, mais, au bout du fil, avait modulé d'une voix blanche, et sourde, si pleine de détresse, les trois points – trois traits – trois points pour S.O.S. Il fallait que je vienne, maintenant. J'arriverais trop tard, peut-être. Il allait mourir avant de m'avoir revu, c'était sûr.

– Déconne pas, petit frère ! Tu es fou ! Tu vas t'en sortir !

– Je t'en supplie, dis rien à Maman. Qu'elle s'inquiète pas trop.

– Tu vas t'en sortir. J'arrive. Tu vas t'en sortir.

Mais je pris conscience que je le disais sans conviction, soudain. J'avais le pressentiment que le destin allait frapper une seconde fois, six mois après. Et je me détestais d'y penser.

Tout avait commencé par des malaises dont il ne s'était pas trop inquiété. Puis il avait été ramassé inanimé dans une allée du Venusberg où il courait chaque matin, et il avait rouvert les yeux sur le plafond éblouissant d'une salle des urgences à l'hôpital...

– Putain, quelques secondes, j'ai cru que j'étais mort ! que c'était comme ça la mort ! Tout blanc.

Il avait réussi à ironiser, alors :

– J'avais minimum trois toubibs et je sais pas combien d'infirmières autour de moi, des en vert, des en rose, on aurait dit à la télé, tu vois...

Il était parvenu à plaisanter encore lorsqu'il

m'avait rappelé – pour me rassurer, prétendit-il – le surlendemain :

– J'ai appris deux mots d'allemand aujourd'hui : *biopsie* et *scanner*. Ils parlaient entre eux autour de mon lit, j'ai compris quand ils ont dit : *biopsie* et *scanner*. Ça m'a rappelé quelque chose.

Diagnostic, deux jours plus tard : cirrhose foudroyante et infection du pancréas. Puis, deux autres jours plus tard :

– Agammaglobulinémie.

– Tu peux m'épeler ?

– Immunodéficience...

– Due à quoi ?

Non, ce n'était pas le sida. Mais dans certains cas d'empoisonnement, dans certains cas d'imprégnation des cellules par des produits toxiques ingérés à très hautes doses...

– Tu leur as dit que... ?

– Ouais ouais. Kurt m'a mis dans une clinique spécialisée. Il y a un toubib qui parle bien le français. Ils savent tout. Ils ont déjà soigné des sportifs qui... Enfin, tu vois, quoi...

– Des sportifs qui se shootaient avec des saloperies... Comme toi.

– Voilà.

Daniel m'a dit cela d'un petit ton de défi. Il frimait, mais je sentais bien qu'il ne tiendrait pas très longtemps ainsi. Et en effet, dans un accès de détresse, il s'écria soudain :

– C'est horrible, Paul, c'est horrible ! Je vois flou, j'ai les mains qui tremblent, j'ai la bouche... C'est horrible !

– Il faut te rapatrier, Daniel.

– Non non non ! Je suis couvert ici. Kurt s'occupe de tout. Mais, surtout, surtout, je veux pas que Maman... Je veux pas que Maman... Tu comprends ?

– Je comprends. Mais, raccroche, maintenant.

– Je m'en fous, c'est Kurt qui...

Ce Kurt qui... Ce Kurt qui avait fait hospitaliser mon frère dans une luxueuse clinique d'Altona, ce Kurt qui payait pour tout, ce richissime Kurt était turc, de naissance, et s'appelait en vérité Adnan « Kurt » Ventürük. Mais il avait pris pour prénom son surnom de « Loup » – *Kurt*, en turc –, et germanisé et anobli son nom en : von Tür. Devenu Kurt von Tür, il se faisait aussi décolorer, comme mon frère, et, pour fignoler son blanchiment, portait des lentilles bleu porcelaine. Daniel avait découpé dans un dépliant sa photo pour me montrer à quoi il ressemblait : le vrai bel Allemand nordique, l'Aryen pur-sang, le fantasme d'Hitler. Très très bronzé, mais enfin...

Ancien champion de culturisme, le Loup avait fait fortune en quelques années. Il possédait une chaîne de salles de fitness et bodybuilding, des snacks diététiques, des boutiques de santé, des saunas, une radio FM, et Dieu sait quoi encore. Devinant qu'il devait posséder également des peep-shows, des porno-shops, des eros-centers, peut-être, j'avais, une fois encore, préféré ne pas en savoir plus. Et Daniel ne m'en avait pas dit plus.

Notre père était mort depuis trois mois. Maman faisait face plus vaillamment que nous ne l'aurions imaginé. Et Zaïa passait aussi souvent que possible à la maison pour la distraire de son chagrin. Quant à Daniel, curieusement, je le trouvais beaucoup moins dépressif. Comme si son deuil l'avait aidé à surmonter sa tristesse habituelle. Quelque chose avait changé en lui. Il ne se dépréciait plus autant. Je l'entendais moins souvent s'écrier : « Je suis un con ! Je suis une merde ! » Il s'épanouissait. Oui, il s'épanouissait.

Nous avions fini de déjeuner. Maman et sa sœur discutaient tout en regardant à la télé un documentaire sur les animaux sauvages. Daniel m'a murmuré :

– J'ai des trucs à te dire.

Nous nous sommes réfugiés dans sa – dans notre – chambre. Dans notre chébec.

– Vas-y.

– Je sais pas comment commencer.

– Commence par le commencement !

Il hésite.

Moi – intuition subite :

– Tu es tombé amoureux ?

Il hésite encore, puis :

– Ouais.

Il respire bruyamment.

Moi – seconde intuition :

– Et c'est un mec.

Je l'ai dit sur un ton beaucoup plus affirmatif qu'interrogatif. Manière de l'aider à franchir le pas.

Nouvelle hésitation, puis, avec un sourire soulagé, et fier :

– Ouais.

L'aveu n'était pas si difficile, en somme. Il ajoute :

– C'est un Allemand. Enfin, c'est un Turc, mais c'est un Allemand... Pas un mot à Maman, hein, tu me jures !

– Pour qui tu me prends ?

– Ça la tuerait trop si elle apprend que...

– Ça la tuerait pas, non. Je crois pas. Elle t'aime, merde ! Et du moment que tu...

– Non, mais déjà ça va être très dur, pour elle, quand je vais lui annoncer que... Parce que, voilà, je... Je pars vivre en Allemagne. Alors, j'ai peur qu'elle s'effondre quand je vais lui dire.

– Si tu es plus heureux là-bas...

– J'ai un engage. Un truc vachement plus classe que le Sexyshow.

– Tu m'étonnes.

– Te fous pas... Merde ! Il y a... Il y a quelqu'un qui m'a racheté.

– Qui t'a *racheté* ? T'es pas un esclave, petit frère !

– Non, je veux dire : racheté mon contrat. Je serai dans un vrai spectacle, si je veux. Sur une vraie scène... Pas dans un bocal.

– D'équerre ! Tu finiras à Hollywood ! Comme Schwarzie...

Je bande mes biceps, je fais ressortir mes pectoraux.

– Te fous pas... Merde !

– Ouoh ! Daniel ! Si on peut plus... Et, d'abord, qui c'est ce *quelqu'un* ?

– Eh bien, l'Allemand...

– Ah. Ton pote.

– Ouais.

– Il a un nom, ton pote, non ?

– Kurt.

– Il habite où, Kurt ?

– À Hambourg.

– Et qu'est-ce qu'il fait dans la vie, Kurt ?

– Il a des salles partout... Euh... Des tas de trucs, tu vois. Des bars diététiques... Une radio FM. Il a de la tune, putain !

– Et donc tu vas bosser pour lui... *Pour* lui ou *avec* lui – nuance – ?

– Bhien... Je suis pas obligé de bosser, en fait.

– Ah.

– Quoi : ah ?

– Rien. Je dis : ah. J'ai plus le droit de dire : ah ? Et puis, joue pas au con avec moi, t'as très bien pigé !

– Je vends pas mon cul !

– Est-ce que j'ai dit que tu vendais ton cul ? Seulement, je préférerais que tu fasses pas de connerie... Que tu te fasses pas casser.

– Je suis assez grand pour...

– Oui. Je te l'ai déjà dit, tu es majeur, tu fais ce que tu veux, mais écoute-moi, merde ! écoute-moi ! Je te le demande parce que je suis ton frère, et que Papa est plus là : va là-bas, si tu veux, va vivre quelques jours... à l'essai. À l'essai. Tu piges ? Une semaine ou deux à l'essai. Et si tu te plais, si tu crois que c'est une vie pour toi, alors tu reviens me le dire, et après seulement tu t'installes pour de bon. D'accord ? Si ton Kurt est aussi bourré aux as que tu le dis, il peut t'offrir un aller-retour, non ? Alors, je t'en prie, fais-le pour moi ! Et si tu te plais pas, aie pas honte de revenir ! Tout le monde peut se gourer.

Il avait accepté le marché – pour la première et dernière fois, que j'usais d'une autorité pour ainsi dire paternelle.

Mais il était revenu de Hambourg délirant d'enthousiasme.

Un peu honteux, tout de même, de se sentir heureux au milieu d'une famille en deuil, et secrètement meurtri de ne pouvoir faire partager sa joie à Maman : il avait choisi de continuer à lui cacher la vraie raison de son exil. Officiellement, pour elle comme pour Zaïa, il allait travailler dans un théâtre à Hambourg... Le Wollust Theater, que possédait, entre autres, à St. Pauli, sur le Reeperbann, Kurt von Tür. Mais ni Maman ni Zaïa ne savaient que St. Pauli est le Pigalle de Hambourg, et que *Wollust* signifie en allemand *volupté.*

C'était la belle vie, là-bas ! C'était la grande vie ! C'était la vraie vie ! Kurt l'amenait dans des clubs ultrachics où, putain, on laissait les clefs de sa tire au porteman, qui vous la garait ! Kurt avait une BMW 7.30 avec vitres noires et bar, et un coupé Mercedes SLK 230 Kompressor, putain, avec le toit qui rentrait automatiquement dans le coffre ! Kurt habitait un loft gigantesque, presque vide, et pas de rideaux devant les baies vitrées, putain, avec un panorama sur le port comme dans les films qui se passent à San Francisco, et un grand jacuzzi dans la salle de bains, qui était grande genre trois fois le living rue Ordener, et n'avait pas non plus de rideaux, on se baladait à loilpé devant l'infini, la nuit, ou dans des peignoirs en soie si fine qu'on se sentait presque aussi nu, dessous, que si on était nu... Et en sortant du bain, après s'être séché, on jetait par terre ses serviettes et draps de bain, qui étaient changés minimum trois fois par jour... Et si on avait envie d'un cocktail de jus de fruits, il suffisait de demander au larbin, Suleÿman, qui était hyperstylé, habillé tout en noir, et qui pressait ce qu'on voulait dans une énorme machine Braun... Et si on avait envie d'écouter de la musique, on pouvait choisir entre un bon millier de C.D., la liste était sur un ordinateur, on tapait sur le clavier le titre voulu et une loupiote, ouoh, clignotait à l'emplacement du disque sur le rayonnage... Et si on avait la flemme de se lever du divan, putain, on prenait son portable, on en avait chacun un, et on s'appelait d'un bout à l'autre de l'appart... C'était les Mille et Une Nuits !

– Et en quelle langue vous vous parlez, d'un bout à l'autre de l'appart ?

– En anglais. On se débrouille.

– C'est vrai que tu étais assez bon en anglais, au lycée.
– C'est là que j'étais le moins mauvais.

« *But this isn't truth this isn't right*
this isn't love this isn't life this isn't real
this is a lie... »

Ce qui avait le plus ébloui Daniel, cependant, ce n'était pas ce luxe, mais la liberté qu'il avait ressentie à Hambourg. Exemple : deux fois il s'était longuement baladé seul la nuit, et pas un flic l'avait fait chier à lui demander ses papiers... Et il avait pris un taxi, aussi : eh bien, en Allemagne, si on est seul, on monte devant, on s'assoit à côté du chauffeur !

« *This isn't love this isn't life this isn't real*
this is a lie... »

Il chantonnait ces paroles de The Cure. Il en était obsédé. Mais entendait-il ce que les mots disaient ? Que ce n'était pas l'amour, que ce n'était pas la vie, que ce n'était pas réel, que c'était un mensonge.

Non. Il avait l'air heureux. Et cependant, je tremblais pour lui ; j'étais malheureux pour lui. Il allait repartir dans trois, quatre jours s'installer là-bas. Il partait pratiquement sans bagages : là-bas, Kurt avait commencé à le saper. Tout Hugo Boss ! La classe, putain !

« *This is a lie...* »

Kurt von Tür ! me disais-je. Le Loup de la Porte ! Le maître du théâtre de la Volupté ! Les Mille et Une Nuits ! *Alf Layla wa layla*. L'enfer, oui ! Hambourg en hiver, et mon frère qui allait mourir.

Le crachin tournait au grésil, le grésil tournait à la neige. J'en avais dans les yeux, j'avançais au milieu de halos orangés, j'étais trempé jusqu'aux os, la sangle de mon sac marin me cisaillait l'épaule, mon plan partait en lambeaux... Quand j'ai enfin trouvé la rue, adjacente au quai sur l'Elbe, et l'entrée de l'immeuble, un monumental édifice industriel, à l'architecture pompeuse, hitlérienne, transformé récemment en lofts de luxe.

J'ai sonné au visiophone – une caméra me filmait. Bip bip bip... Puis la clenche a buzzé, et la porte s'est ouverte.

Ascenseur... Dernier étage... Süleyman, tunique et saroual de soie noire, s'est incliné profondément pour m'accueillir sur le seuil, s'est emparé de mon sac...

– *Good evening, sir.*

– *Good evening, sir.*

Me voyant les cheveux dégoulinants, il est allé me chercher une serviette... non, un drap de bain, un grand drap de bain, épais, moelleux : si je voulais me sécher, me frictionner...

– *Thank you.*

– *Master not here,* m'a-t-il dit avec un accent qui le rendait difficile à comprendre. *Fly to Honk Kong and Los Angeles...*

Sur quoi, il m'a tendu une enveloppe et un trousseau de clefs. L'enveloppe contenait mille cinq cents marks en grosses coupures neuves, et une carte rédigée dans un anglais assez approximatif. Kurt von Tür m'informait qu'il n'avait pu remettre à plus tard un voyage d'affaires. Il me priait d'accepter ses excuses et cet argent pour mes frais. Süleyman m'installerait dans la chambre d'invité et serait à ma disposition pour m'aider pendant mon séjour.

Aucune formule de politesse, pour conclure, mais, beaucoup plus bizarre, pas un mot à l'attention de Daniel, non plus !

Süleyman m'a conduit à ma chambre, en me montrant, au passage, l'emplacement des interrupteurs. Magie : on n'avait pas à appuyer, pas à pousser, pas même à effleurer, il suffisait d'approcher la main... les halogènes s'allumaient.

Nous avons traversé un salon qui devait mesurer une quinzaine de mètres sur douze de large, et n'était meublé que de trois canapés tendus de cuir noir. Aux murs, trois grands tableaux représentant des barres noires sur fond blanc.

Le décor de ma chambre était tout aussi sobre : un lit, une table basse en verre, trois spots. Mais la vue, féerique ! Les lumières du port tiraient à l'infini un feu d'artifice immobile. C'étaient bien les Mille et Une Nuits !

« *This isn't real...* »

Je me suis souvenu, cependant, Daniel me l'avait précisé, que, le samedi, les visites à la clinique se terminaient à six heures. Il était cinq heures et quelques. Si je voulais un taxi, Süleyman allait m'en appeler un.

– *Ja. Danke schön.*

– *Fünf Minuten...*

Était-ce cela la grande vie ? la belle vie ? Et quelles avaient été les relations entre mon frère et ce sultan esclavagiste ? J'y songeais au passé composé – au passé déjà décomposé. J'avais le sentiment vague que ce voyage d'affaires était un alibi, que ce Kurt avait abandonné mon frère. Il payait tout parce que payer est la seule chose qui ne coûte rien, en somme. Est-ce qu'il y avait eu de l'amour entre eux ? est-ce qu'il y en avait toujours ?

Je me suis rappelé que mon Queequeg m'avait raconté qu'en Allemagne, si on était seul, on montait devant, à côté du chauffeur de taxi. Il y voyait le symbole d'une société moins pétrie de préjugés que la nôtre, plus civile. Esclave d'un sultan, mais démocrate !

La Mercedes s'est engagée dans une file de véhicules qui roulaient au pas sur la chaussée glissante de la Hafenstraße, sous un portique indiquant Altona, dans un tourbillon de neige.

Le *Krankenhaus* est un cube de verre et d'acier.

À l'accueil, un flot de musique douce, des téléphones qui sonnent comme des chants d'oiseaux ; et les réceptionnistes sont habillées en hôtesses de l'air.

– Euh... Good... Euh, *Abend*... *Room*... Euh.. *Zimmer*... » Panique ! impossible de me souvenir des chiffres en allemand, de la manière allemande d'énoncer les nombres composés – à l'envers, me semblait-il, comme en arabe. « *Eleven... No, Elf... Nul... Three... Name is* Smaïl... Daniel...

– *Yes*. Smail... » La réceptionniste a pointé avec un crayon notre nom sur son écran. Pas de tréma ? « *Three, o, double one, please. Third floor.* »

J'avais une autorisation de visite. Elle m'a tendu un badge, que je devais cliper au col de mon blouson.

Au troisième étage, une employée m'a remis un paquet sous vinyle scellé : Daniel avait été placé sous une tente stérile et je devais, avant d'entrer dans la chambre, enfiler des gants de latex et une blouse blanche en papier, me couvrir le nez et la bouche d'un masque aseptique, coiffer une ridicule charlotte.

– *He is very tired, today*, m'a dit l'infirmière. *And, emotionally... So, be fast, please. Ten minutes.*

Elle a relevé le voile de matière plastique translucide...

C'était lui, et ce n'était plus tout à fait lui. C'était notre père. C'était notre grand-père. Notre grand-père Ahmed, mort en Allemagne *lui aussi* – la pensée m'a traversé l'esprit. Et l'horreur, et la honte, et la nausée d'avoir eu une telle pensée – *heichma !*

Un Coran en français était posé sur le meuble de chevet, à côté d'un discman et d'une pile de compacts de musique raï...

– Paul.

– Daniel.

– Alors, voilà.

– Alors, voilà. Mon pauvre Queequeg !

Le masque en papier amortissait les mots, les gommait un peu, les étouffait.

Daniel m'a souri. Je me répétais intérieurement qu'il ne fallait pas que je pleure devant lui, qu'il ne fallait pas que je pleure devant lui, qu'il ne fallait pas que je pleure devant lui.

– Tu as mal ?

– Même plus.

(Même plus.)

– C'est que tu vas mieux !

– Ou encore plus mal.

(Ou encore plus mal.)

– Kurt est parti pour...

– Kurt vient plus me voir depuis que je suis sous cette tente.

– Ah.

(Ah.)

Il me faut vite trouver quelque chose de léger à dire, une plaisanterie... Ou les larmes vont couler.

– « Les Arabes vivront sous la tente, la descendance d'Ismaël... » Abraham l'a voulu : le peuple d'Ismaël sera le peuple nomade... Les Smaïl ! Tu te souviens de ce que m'avait expliqué M. Hamel, et que je t'ai raconté, après ? Abraham avait, de sa servante Agar, un fils par la chair : Ismaël. Puis, il eut de Sara, un fils selon l'esprit : Israël. Ismaël et Israël jouaient ensemble. Mais Sara était jalouse, et ne voulait pas que son fils joue avec le fils d'une servante. Alors, elle a demandé à Abraham de chasser Agar et Ismaël au désert... Où nous avons... Je veux dire : où ils ont failli mourir de soif.

Ses yeux s'illuminent. C'est comme autrefois, quand nous étions petits, lorsque je lui lisais des histoires avant d'éteindre – avant d'appareiller de nuit, avant de lever les voiles pour le grand voyage du sommeil.

Il me dit :

– Tu as promis, quand on est revenu du cimetière, tu te rappelles ? tu as promis que tu allais commencer un livre.

– J'ai promis, oui.

– Il faut que tu t'y mettes.
– Oui. Et toi, que tu guérisses.

Il est mort huit jours plus tard. Vers onze heures du matin. J'étais là. Enfin... j'étais dans le couloir. Lorsque vers dix heures et demie, on m'a demandé de sortir de la chambre, j'avais déjà compris.

– *Er hat nicht geleiden...*

Comment a-t-elle pu affirmer qu'il n'avait pas souffert ? Était-ce elle qui l'avait *endormi* ?

L'enterrement – je parle de l'enterrement de notre père, je suis revenu quelques pages en arrière dans mon bloc, et Daniel s'est fait incinérer sans cérémonie, sans témoins, en la seule présence de son frère : Kurt, quoique rentré de son voyage d'affaires depuis la veille, n'avait pas voulu se déplacer –, l'enterrement au cimetière de Thiais fut ce qu'on appelle un bel enterrement. Une occasion de retrouvailles, la famille, les amis... L'émotion et la dignité.

C'était – oui – un sentiment de paix, presque. Je n'avais plus de révolte. Le ciel était très bleu et des oiseaux chantaient dans les frondaisons (« ouah, putain, les frondaisons, le pueur ! l'enculé ! »).

Parvenus au quartier des musulmans, Maman, Zaïa, Daniel et moi sommes descendus du fourgon pour continuer à pied. Maman, entre ses deux grands fils qui la tenaient chacun par un coude, se tenait toute droite et ne trébuchait pas sur le gravier de l'allée.

Nous avons longé le carré des soldats musulmans d'Afrique du Nord, l'alignement des simples stèles uniformes, en demi-lune, gravées des prénoms de tous ces jeunes hommes morts pour la France, nos frères : Saïd, Mohamed, Rabah, Abdelkader, Rachid, Djeloul, Tahar, etc. Plus loin, dans une fosse commune, sont inhumées anonymement des victimes de la nuit sanglante du 17 octobre 1961.

Le cortège était nombreux. Derrière nous venaient des cousins, des cousins de cousins, des cousins de cousins de cousins – je ne savais pas que nous étions une si grande tribu. Puis nos amis, à Daniel et moi. Diop, le vieux M. Hamel... Enfin, les collègues de mon père, qui avaient offert une grande gerbe dédiée simplement *À Yacine*.

Quand tout a été fini, tout le monde s'est offert pour nous ramener rue Ordener. Un lointain cousin dont j'ignorais jusqu'au prénom a proposé sa voiture, qui était une Espace. Il avait arrangé les fauteuils en vis-à-vis à l'arrière, il nous a fait, avec un petit rire de vanité satisfaite :

– C'est un vrai petit salon. Vous serez mieux avec moi ! Montez !

Nous nous sommes donc installés face à face, Maman, Zaïa, Daniel et moi.

Nous ne desserrions pas les dents. Même Zaïa était incapable de prononcer le moindre mot. Il fallait traverser tout Paris, et les rues étaient très encombrées. Le chemin du retour s'éternisait. Gros embouteillage boulevard de Magenta, concert assourdissant de klaxons...

Comme il était fréquent ces derniers temps,

des incidents venaient d'éclater au carrefour Barbès-Rochechouart. Contrôle d'identité ? manif de soutien aux sans-papiers ? soutien spontané à des voleurs qui venaient de se faire arrêter ? règlement de comptes entre bandes rivales de dealers ? bagarre entre bandes rivales d'intégristes ? rafle au faciès ? Nous n'en savions rien : l'Espace était immobilisée devant le Louxor, et nous observions sans pouvoir comprendre. Les gens couraient dans tous les sens, criaient... Les sirènes des voitures de flics couvraient les youyous des femmes. Une file de cars aux vitres grillagées s'approchait. Des CRS sautaient en marche, pour intervenir plus vite.

Devant Tati, matraque au poing, ils ont commencé à charger dans la foule – à l'aveugle.

Un instant, pour mon frère comme pour moi, la haine l'a emporté sur le désespoir. Daniel, du fond de son chagrin, a articulé un vague :

– Chulés !

Et moi :

– Les salauds ! Les salauds !

Depuis plusieurs semaines, déjà, on trouvait chaque jour des cadavres d'Arabes noyés dans la Seine ou le canal Saint-Martin. D'autres étaient retrouvés dans les bois autour de Paris, à Chaville, à Meudon : des hommes qui avaient été exécutés d'une balle dans le ventre, ou étranglés avec leur cravate ou du fil de fer. Ils n'avaient ni papiers d'identité ni argent sur eux. Plusieurs centaines ont disparu ainsi, l'automne 1961, FMA – Français musulmans d'Algérie –, ou simplement NA – Nord-Africains. Comme mon oncle Mehdi.

En plein jour, une 403 banalisée s'arrêtait à hauteur d'un malheureux qui avait « le faciès », des inspecteurs en civil le forçaient à monter, démarraient en trombe... On ne le reverrait plus vivant.

Des rafles massives avaient lieu tous les soirs. Armés de longues matraques et de mitraillettes, les gardiens de la paix ratonnaient dans les couloirs du métro, ratonnaient à Maison-Blanche, ratonnaient à la Goutte-d'Or. Sur les ponts d'Asnières et de Gennevilliers, ils stoppaient les bus et triaient les passagers : d'un côté, ceux qui avaient « le type Européen », de l'autre les « Fellouzes », qu'ils embarquaient aussitôt. Ou ils entraient à dix ou douze dans un café fréquenté par des « Nord-Afs », et cassaient tout. On torturait dans les commissariats et les centres de détention.

Le 5 octobre, le gouvernement français décrétait le couvre-feu pour tous les Français musulmans d'Algérie. Les Arabes, Algériens ou non, vivaient dans la peur. Des Italiens, des Portugais ont été assassinés simplement parce qu'ils avaient « le type »... Mais le 17, le FLN appelait à manifester pacifiquement pour demander la levée du couvre-feu. Les manifestants étaient sans armes, et la plupart s'étaient mis sur leur trente et un, comme s'ils allaient à la fête. Alors a commencé l'effroyable tuerie.

Je n'en ai entendu parler à la maison que trois ou quatre fois, et à mots couverts. Comme si mes parents avaient honte de ces événements, comme si c'était à eux d'en avoir honte. Zaïa en parlait plus librement, mais à voix basse, elle aussi. J'en ai su un peu plus de la bouche de M. Hamel, qui a fini par m'avouer qu'il faisait à l'époque partie d'un réseau de soutien au FLN. Et, il y a quatre ou cinq ans, est paru un livre qui détaille toute l'horreur de cette Nuit de cristal, *La Bataille de Paris*.

À la Cité, les cinquante hommes massacrés dans une cour de la préfecture de police. Au palais des Sports, porte de Versailles, les six mille raflés, beaucoup gravement blessés, laissés sans soins, sans rien à boire, dépouillés de leurs misérables biens, les montres, les portefeuilles, par les flics qui se partageaient le butin... Achevés à coups de crosse quand ils avaient encore le courage de protester, de scander : « Liberté ! Liberté ! »

Mon oncle, je l'ai dit, allait prendre son service dans les coulisses de l'Olympia. (Jacques Brel était à l'affiche, ce soir-là. Zaïa a conservé une photo du chanteur dédicacée *à mon ami Mehdi*.) Le cadavre a été repêché au collecteur de Conflans-Sainte-Honorine, le 21 octobre... Ou le 22 ?

En travers de la fiche de l'Institut médico-légal, un inconnu avait griffonné en gros et en rouge *SUICIDE* – paraît-il.

Aujourd'hui que j'écris ces lignes, je m'aperçois qu'il est mort à l'âge que j'ai aujourd'hui : 27 ans. Zaïa en avait 23. Leïla – Maman –, 14.

Le préfet de police, à l'époque, était Maurice Papon, aujourd'hui poursuivi pour crime contre l'humanité – mais pas pour ces faits-là.

Un soir où il était question de son inculpation, au journal télévisé, lorsque son visage est apparu, j'ai vu mon père, d'habitude si réservé, si mesuré dans ses sentiments, grimacer haineusement, se lever de table, pointer vers l'écran deux doigts en guise de revolver, viser, s'approcher encore jusqu'à toucher l'écran, et tirer à bout portant.

– *Halouf !*

L'appartement est vide, et sonore. Au sol et sur les murs, la trace des meubles enlevés. Dans la chambre d'enfants, la présence fantomatique de nos lits superposés m'évoque plus que jamais notre navire encalminé dans la brume, Daniel et moi – « On ne part pas ! »

De vieux papiers tombés d'un tiroir pendant le déménagement, un carnet de notes, une publicité pour une méthode infaillible de musculation accélérée – *avant, après* –, des feuilles arrachées à un cahier d'écolier jonchent le plancher. Je retrouve, de ma main, ceci, que j'avais, j'imagine, rédigé en revenant de chez M. Hamel – je n'en avais aucun souvenir :

Je suis arabe. Un Arabe n'a-t-il pas des yeux ? un Arabe n'a-t-il pas des mains, des organes, des proportions, des sens, des émotions, des passions ? ne se nourrit-il pas de la même nourriture, n'est-il pas blessé par les mêmes armes, sujet aux mêmes maladies, guéri par les mêmes remèdes, réchauffé ou refroidi par le même été et le même hiver qu'un Français de souche ?

Shakespeare revu et corrigé par moi *myself* ! Je n'avais peur de rien. À qui me posait la question alors de savoir ce que je ferais plus tard, je répondais : « Écrivain. »

Je me baisse pour ramasser un petit personnage Playmobil oublié : l'ambulancier de la Croix-Rouge avec sa mallette des premiers soins.

Diop et Pinocchio m'appellent du palier :

– Qu'est-ce tu fous, Paulou ?

– Paulou ! putain, qu'est-ce tu fous ?

Non, pas de sentimentalisme ! Il nous faut encore à tous les trois monter chez ma tante Zaïa, qui habite un cinquième étage sans ascenseur, les meubles que Maman a voulu garder – son lit, un fauteuil, une armoire à glace, un coffre marocain. Le reste, la salle à manger, les appareils ménagers, les lits superposés et les petits bureaux bateau ont été bazardés. Zaïa a convaincu sa sœur de venir habiter chez elle. Maman mourrait de tristesse si elle restait seule plus longtemps rue Ordener, et puisqu'elle avait de plus en plus de mal à payer le loyer d'un F 3, et puisque son fils survivant était décidé d'aller vivre au Maroc... Où elles le rejoindraient, peut-être, toutes deux, quand il y serait bien installé.

– Paulououou !

– J'arrive ! *Départ dans l'affection et les bruits neufs !*

– Quoi ?

– Rimbaud.

Diop, Pinocchio et moi sommes affalés sur le sofa, ruisselants, et nous nous repassons la cruche d'eau glacée et le sirop d'orgeat – du vrai sirop d'orgeat fabrication Zaïa. Le déménagement est terminé. Sur le bahut, Maman a déjà disposé parmi les souvenirs de ma tante quelques-uns des siens : un portrait de mon père, sa médaille du travail, une photo de leur mariage, Daniel en CP et moi en CM2, Daniel et moi à la plage, Daniel à quatorze ou quinze ans, très gringalet encore, mais posant devant l'objectif en M. Muscles.

Par la porte entrouverte de la cuisine, je vois les deux sœurs s'affairer : elles préparent pour les trois déménageurs bénévoles un festin qui sera aussi mon dîner d'adieux. Tout en pliant les feuilles de brick, tout en remuant doucement le tajine avec une cuillère en bois, tout en roulant le couscous entre leurs doigts, elles discutent gaiement en arabe... Mieux : elles rient ! Je les entends soudain rire aux éclats.

Après dîner, je retournerai finir mes bagages, fermer les robinets et le compteur. Je rendrai les clefs à M. Zeboudji. Je ne reverrai plus de longtemps *Y a des affaires chez Berber* ! Ma dernière nuit en France, je la passerai ici, sur ce sofa, sous le portrait de mon oncle Mehdi. Je m'envole demain.

Le lendemain, j'ai rusé pour écourter les adieux. J'ai prétendu avoir mal lu mon billet, que l'avion décollait à 13 heures 30, et non à 15 heures 30 comme je l'avais cru d'abord. Je ne voulais pas voir trop longtemps sangloter Maman.

Diop m'a accompagné à Orly. J'avais la gorge nouée mais il me paraissait plus ému que moi encore.

– Va ! lui ai-je dit, j'ai horreur des embrassades devant tout le monde.

Je me suis contenté de lui poser la main sur l'épaule.

Passé le guichet des passeports, je me suis retourné et je l'ai vu qui brandissait ce livre de James Baldwin, qu'il avait oublié de me rendre, *La prochaine fois, le feu*.

Je lui ai fait signe de le garder : cadeau.

J'avais dans mon bagage de cabine l'urne contenant les cendres de Daniel. Je l'ai posée sur le tapis roulant du scanner. La fliquesse de la police des frontières m'a interpellé, m'a fait ouvrir le sac.

– Qu'est-ce que c'est que ça ?

J'avais prévu la question. Je lui ai répondu en brandissant les papiers qui m'avaient été nécessaires pour l'importer en France :

– Une urne funéraire, voici tous les documents *afférents*.

(*Afférents*, j'ai bien dit ! Bougnoule, mais instruit.)

Elle n'en a pas moins prétendu me la faire ouvrir. J'ai protesté, j'ai commencé à élever le ton : non je ne l'ouvrirai pas. Elle insistait. J'ai parlé d'atteinte aux droits de l'homme et à ma dignité, du respect qu'on doit aux morts. Je lui ai fait observer aussi qu'il était rare qu'un individu cherche à passer de la drogue ou des explosifs dans ce sens-là. Son collègue, embarrassé, a appelé sur son talkie leur supérieur. J'ai vu le moment où je ne pourrais pas embarquer. Des passagers curieux me regardaient d'un sale œil. (La prochaine fois, le feu !)

Il a fallu attendre. On cherchait à joindre le commandant de bord.

Si vous nous suspectez continuellement, est-ce que nous ne sommes pas offensés ? Si vous nous tutoyez, est-ce que nous ne sommes pas vexés ? Si vous nous demandez nos papiers pour un oui ou un non, est-ce que nous ne sommes pas exaspérés ? Si vous nous traitez de ratons, de melons, de bougnoules, est-ce que nous ne sommes pas humiliés ? Si vous nous tabassez dans les commissariats, est-ce que nous ne sommes pas blessés ? Si vous nous bourrez de coups de pied et si vous nous cassez les doigts pendant la garde à vue, si vous nous crachez à la gueule – littéralement –, si vous nous pissez dessus – littéralement... Et si vous nous refusez un travail que vous donnerez à quelqu'un de moins qualifié mais de moins basané, aussi, est-ce que nous ne finirons pas par nous révolter ? Un Arabe n'a-t-il pas des sentiments, des émotions, des passions ? Si nous sommes comme vous pour tout le reste, nous vous ressemblerons également en cela : nous nous vengerons.

Le commandant de bord du vol Royal Air Maroc AT 761 s'appelait Idir Ben Achab – sur l'honneur, je n'invente rien. Il m'a autorisé à monter à bord sans avoir ouvert l'urne.

J'ai repensé soudain à ce très ancien sketch de Guy Bedos et Sophie Daumier qui faisait toujours rire aux larmes mon père lorsqu'on l'entendait à la radio : le couple de petits-bourgeois français qui part en vacances au Maroc et constate, horreur ! que même le steward est arabe ! que même le commandant de bord est arabe ! que même le roi, là-bas, est arabe !

Je l'entendais rire.

Je ne sais pas si j'ai tort ou raison. J'ignore ce qui m'attend là-bas. Si ce sera une nouvelle vie, plus belle. Ou si j'aurai vite le sentiment d'avoir fait une connerie. Mais ce sera ma connerie, mon choix. Et j'en accepterai les conséquences, et j'en serai même fier, je crois. Il se peut que je revienne dans quelques semaines, ou quelques mois, ayant perdu mes illusions... Mais quelles illusions ? Je n'en ai pas. Je sais que ce sera tout aussi difficile là-bas, mais autrement. Je pars à l'aventure, voilà. On verra.

Levez l'ancre ! Larguez les amarres ! Carguez les voiles de misaine ! Amenez la brigantine ! Hissez foc et clinfoc ! Serrez, serrez ! Changez la barre ! Virez de bord ! Parez le cap ! Souquez fort ! Ferlez ! Lofez ! Vent debout... Nous vous rappelons qu'il est interdit de fumer. Veuillez attacher vos ceintures, redresser le dossier de votre siège et la tablette devant vous... *Irbitou ah zimato-koum...* Décollage dans deux minutes... *Inch'Allah !*

4951

Composition Jouve
Achevé d'imprimer en Europe (France)
par Brodard et Taupin à La Flèche (Sarthe)
le 24 août 1998. 6300U-5
Dépôt légal août 1998. ISBN 2-290-04951-4
Éditions J'ai lu
84, rue de Grenelle, 75007 Paris
Diffusion France et étranger : Flammarion